APRÈS LE BOIS DE HÊTRES

ARMAND BULWA
avec SERGE FILIPPINI

APRÈS LE BOIS DE HÊTRES

mémoires

l'Archipel

Un livre proposé par Michel Taubmann

Notre catalogue est consultable à l'adresse suivante :
www.editionsarchipel.com

Éditions de l'Archipel
34, rue des Bourdonnais
75001 Paris

ISBN 978-2-8098-2776-7

Nous sommes obligés de tout raconter, afin que tout le monde sache ce que l'on nous a fait subir… Si nous ne sommes pas témoins, qui témoignera ? De toute façon, on ne nous croira pas.

Aharon Appelfeld,
Histoire d'une vie

Prologue

Depuis la fin de la guerre, mon ami Élie Buzyn, dit « Lolek », nous avait toujours dit et répété, à nous, ses vieux camarades de déportation, qu'il ne remettrait jamais plus les pieds en Pologne.

Comme nous tous, il s'était vu infliger là-bas trop de blessures jamais refermées : y retourner reviendrait à jeter du sel sur ses plaies. Mais, au début des années 1990, cette question polonaise s'est trouvée brusquement remise sur le tapis par son fils de vingt et un ans. Le jeune homme savait bien sûr que son père avait connu Auschwitz, l'évacuation du camp, la Marche de la mort et Buchenwald. Soudain il éprouvait très fort le besoin d'aller voir de ses yeux le théâtre de ces horreurs. Connaissant la position de Lolek, il était prêt à prendre l'avion tout seul et à se débrouiller une fois sur place. Mais c'était là une idée qu'un père ne pouvait supporter et Lolek a répondu à son fils : « Pas question que tu ailles là-bas sans moi. Je t'accompagne. »

Voilà comment la magie des liens de filiation vous fait revenir sur un serment tenu cinquante années durant…

Lolek s'est mis à passer des coups de téléphone. Sa proposition était que nous partions tous ensemble : les vieux camarades de déportation accompagnés de leurs familles. Ce n'était pas une petite affaire mais Lolek s'offrait de s'occuper lui-même d'organiser le voyage. Nous fûmes une dizaine à répondre favorablement à cet appel. Je me préparai moi-même à ce déplacement avec ma femme Suzanne et ma fille Sylvie. Ainsi Élie, David, Willy, Izio, moi et les autres, nos épouses, nos enfants, tous nous allions revoir et parcourir les lieux d'une tragédie qui marquait nos corps et nos âmes. Quelque temps après, l'émotion qui nous a étreint le cœur à Roissy, au moment de l'embarquement, fut si forte que nous avions déjà froid. Nous ne pouvions même plus parler. L'appareil s'est envolé vers l'est. Nous avons atterri à Cracovie et, l'après-midi même, un car nous emmenait à Auschwitz.

Nous étions alors en 1993, l'année où les autorités polonaises avaient décidé de commémorer le cinquantième anniversaire de l'insurrection du ghetto de Varsovie. La communauté internationale croyait pouvoir distinguer chez les dirigeants du pays les signes d'une certaine ouverture, d'une réceptivité nouvelle face à des faits historiques sur lesquels leurs compatriotes avaient eu soin jusque-là de ne pas se pencher. Aujourd'hui, vingt-sept ans plus tard, cette ouverture semble être mise à mal puisqu'une proposition de loi de 2018 a interdit de relier l'État polonais, et la nation polonaise, à la Shoah. Ceux qui gouvernent actuellement le pays refusent que les historiens emploient l'expression « camps polonais ». En effet, les camps étaient bien « allemands », mais en ce qui me concerne, je crois que le génocide n'aurait pu avoir lieu à si grande échelle, en Pologne, sans le concours des Polonais eux-mêmes. Je ne suis pas historien : il s'agit d'un sentiment personnel, fruit de mon expérience.

*

Pour Élie, Auschwitz ne fut pas une découverte puisqu'il y avait été prisonnier adolescent. Les bâtiments étaient toujours là, ainsi que les barbelés et les miradors, sans parler de la devise « *Arbeit macht frei* » qui, depuis la fin de la guerre, symbolise universellement la porte même d'un enfer terrestre. Élie a regardé ce décor qui semblait surgir du néant pour témoigner de souffrances dont il n'arrivait pas à parler, même à ses enfants. Chacun de nous pensait aux Juifs dont la vie s'était achevée ici même, dans l'anonymat complet de l'extermination de masse, entièrement nus et rasés, poussés dans des salles où pendaient des pommeaux de douche prêts à cracher du gaz asphyxiant. D'après Élie, tous ceux qui étaient prisonniers à Auschwitz savaient ce qui se passait en ces lieux ; aucun Juif n'était dupe de ce qui attendait ici les prisonniers arrivés par wagons entiers de Pologne, de Hongrie et de toute l'Europe, qu'ils soient hommes, femmes ou enfants.

Élie et moi bavardions à voix basse, comme autrefois quand nous avions seize ans et que nous portions nos costumes de bagnards, comme en ce temps si lointain et si proche où nos routes s'étaient croisées pour la première fois, où les circonstances sur lesquelles je reviendrai plus loin avaient fait de nous des amis pour la vie.

Après Auschwitz, notre petite troupe française est revenue à Cracovie où nous avons retrouvé quelques vestiges de la vie juive autrefois si développée, dont la « vieille synagogue » de la rue Szeroka, devenue aujourd'hui un musée, avec son cimetière au fond et son élégante grille en fer forgé représentant des chandeliers à sept branches. La journée du lendemain fut consacrée à Birkenau – la voie de chemin de fer qui amenait les wagons à bestiaux jusqu'à la *Judenrampe* où s'effectuait la sélection, les baraquements misérables,

les latrines communes, le lac où les nazis ont déversé les cendres de leurs victimes.

Puis nous avons pris en car la direction de Lublin. La route traversait des plaines battues par la pluie, où des fermiers poussaient leurs charrues ancestrales. Nous nous sommes arrêtés en route pour une pause dans la petite ville de Sandomierz, une des cités les plus anciennes du pays, en surplomb de la célèbre Vistule. On gagne le quartier historique en passant la monumentale porte gothique édifiée au XIVe siècle. Nous avons franchi cette porte à pied, bien résolus à nous mettre en quête d'un endroit où trouver un peu de réconfort et boire quelque chose de chaud – un thé, un café, une soupe, un bortsch ! n'importe quoi qui puisse faire du bien. Il faisait tellement froid ! La vieille ville était si pittoresque qu'elle avait des allures de carte postale, avec ses maisons du Moyen Âge dont les commerces au rez-de-chaussée donnaient directement sur la ruelle. Nous avons croisé tout de suite de jeunes Polonais pris de boisson et je n'en ai pas été surpris puisque le Polonais ivre est une des figures les plus familières qui me soit restée de mon enfance dans ce pays. Plus loin, une maison se dressait à l'angle de deux rues dont l'une s'appelait en polonais la rue des Juifs – *Żydowska ulica*. Cette ruelle menait à une synagogue qui avait vu passer autrefois des centaines de Juifs barbus en caftan de satin, et des enfants coiffés de leur kippa, dont les fils rituels dépassaient de la veste. Elle avait retenti d'expressions en yiddish. On y avait respiré des odeurs de bouillon de poule et de hareng. Je me suis dit que les deux gamins ivres croisés en arrivant devaient tout ignorer de l'animation qui avait régné ici jadis, comme ils ignoraient sans doute qu'il y avait eu là une synagogue.

La maison d'angle avait une margelle marquant la présence d'une ancienne boutique : un artisan ou un marchand avait exercé là son métier autrefois. Et nous avons tout de suite remarqué sur cette pierre un graffiti tracé à la peinture rouge : « *Żydy do piekla.* » Autrement dit : « Les Juifs au four. » L'inscription était récente, la peinture encore fraîche, pour ainsi dire. Nous avons feint de nous étonner. Une religieuse qui passait – encore une image typiquement polonaise – s'est arrêtée pour nous parler. Elle a pris le temps de nous expliquer que nous ne devions pas nous offusquer *pour si peu de chose*, que c'était juste l'œuvre de petits voyous. Mais ce n'était pas *si peu de chose*. Nous étions remués. Il était évident que la cérémonie du surlendemain à Varsovie attirait en Pologne des milliers de Juifs venus du monde entier, et que les habitants n'étaient pas ravis de nous voir débarquer de nos avions occidentaux, descendre de nos autocars par groupes entiers pour envahir leurs villes et, qui sait, exiger que nous soient rendus les biens dont nous avions été spoliés...

Nous avons trouvé une jolie place au centre de la ville. Le réconfort était devant nous, semblait-il, sous la forme d'un café. Mais là encore, il y avait de jeunes Polonais ivres qui importunaient la clientèle. Le patron a dû se fâcher et les mettre dehors. Ils ont débarrassé le plancher en lui criant des insultes. Et le mot qui revenait le plus dans leur bouche, c'était le mot « juif » – ils usaient même d'une grossièreté particulièrement frappante : « *żydowska cholera* » – « choléra de Juif »...

Finalement, cette étape dans la cité ancestrale de Sandomierz ne s'est pas révélée vraiment rassurante ; la soupe polonaise, apparemment, n'avait pas perdu son goût désagréable.

*

La cérémonie à laquelle nous avions prévu d'assister à Varsovie avait lieu le lundi 19 avril – la révolte du Ghetto ayant éclaté en avril 1943. Des milliers de Juifs seraient présents, dont Yitzhak Rabin, le premier chef de gouvernement israélien à se rendre en Pologne. C'était l'occasion de faire honneur à la mémoire de ces combattants sans espoir qui n'avaient jamais eu la moindre chance de sauver leurs frères juifs, tant les forces étaient inégales. L'insurrection s'était d'ailleurs conclue par la destruction complète du ghetto et par l'extermination de tous ses habitants.

La journée du dimanche nous a conduits au camp de Majdanek qui n'est pas caché dans une forêt, ni perdu dans une plaine immense, mais se dresse au sud de la ville, à quelques minutes du centre de Lublin. Il a accueilli des prisonniers de guerre soviétiques et polonais, mais il a servi aussi à l'extermination des Juifs ; la chambre à gaz y est encore visible, ainsi que les fours crématoires.

Le voyage vers Varsovie fut long et fatigant, surtout après le stress émotionnel que nous avions subi en visitant ou revoyant les camps. Le simple fait d'*être en Pologne*, du reste, nous épuisait. Une sorte de malaise nous étreignait, tant le sentiment de l'irréparable était fort, tant nous ressentions douloureusement la perte de nos familles et la puissance de l'injustice. Il était même difficile de communiquer entre nous puisqu'il n'y avait au fond qu'un seul sujet de conversation possible, et que ce sujet réclamait le silence, un silence respectueux, comparable à celui qui règne à jamais sur Auschwitz. En ce qui me concerne, j'avais souffert d'entendre dans les rues de Cracovie, Sandomierz et Lublin les habitants parler en polonais, la langue de toutes mes douleurs, une langue que j'aurais préféré ne pas comprendre – mais elle avait bercé mon enfance et je la comprenais, il n'y avait plus rien à y faire.

À Varsovie, nous avons pu constater que le quartier où avaient vécu et tant souffert des milliers de Juifs avait pratiquement disparu. Du ghetto, situé au cœur de la ville, ne subsistaient par endroits que des marches de pierre marquant l'entrée d'immeubles à présent détruits. Tout avait été rasé. Tout était reconstruit. Et il n'y avait là rien d'étonnant puisque les communistes, qui avaient régné sur la Pologne après la guerre, et jusqu'à la chute du Mur de Berlin, avaient fait de l'antisémitisme un des piliers de leur action politique. Plutôt que de restaurer les dernières traces du monde juif, ils avaient préféré les effacer définitivement. Même l'enceinte qui entourait naguère le ghetto avait pratiquement disparu, à l'exception de quelques pans de mur où venaient prier et se recueillir des Juifs d'Israël et d'ailleurs dont les parents, les grands-parents, les frères et les sœurs étaient morts ici, ou en étaient partis pour être emmenés à Auschwitz ou à Treblinka. Un monument aux morts se dressait tout de même au centre du quartier – c'est au pied de cette œuvre que le chancelier allemand Willy Brandt était venu s'agenouiller en 1971.

Ce geste du dirigeant social-démocrate semble avoir laissé dans les esprits une trace plus forte que la cérémonie à laquelle nous devions assister. Bien sûr, le drapeau israélien et le drapeau polonais flottaient côte à côte, mais cela ne relevait-il pas de la politique, de la pure diplomatie, plus que d'une évolution profonde des mentalités ? Certes, un évêque et un rabbin priaient et se rendaient ensemble à la synagogue, mais les autorités catholiques polonaises hésitaient encore à sortir de l'ambiguïté, à l'image du trop célèbre cardinal Joseph Glemp qui avait soutenu mordicus la présence à Auschwitz, devant le block 11, d'une communauté de religieuses carmélites dont le désir insistant de christianiser l'ancien camp en y dressant une croix immense était pour le moins déplacé et blessant pour l'âme juive. Oui, une gerbe commune était déposée au pied du monument par Lech Walesa, le dirigeant du syndicat ouvrier Solidarnosc, et par Marek Edelman, le dernier survivant de l'Organisation juive de combat, le mouvement qui en 1943 avait déclenché le soulèvement, mais cet acte, comme d'ailleurs toute la cérémonie, était surveillé par des soldats polonais – tels des snipers perchés sur les toits. Quant au grand spectacle en yiddish prévu pour être le clou du week-end, on n'avait pas trouvé assez d'acteurs juifs pour l'interpréter, de sorte qu'il était dit par des comédiens qui ne comprenaient pas vraiment leur texte… Tout cela laissait une impression quelque peu amère, encore renforcée par le spectacle des habitants qui, pendant les hommages et la lecture des noms, se cachaient derrière leur rideau, à la fenêtre de leurs immeubles reconstruits. À n'en pas douter, il était bon pour la paix du monde qu'Yitzhak Rabin ait fait le voyage de Varsovie, et échangé des paroles courtoises avec les responsables polonais, mais le sentiment que tout pouvait recommencer ne s'était pas retiré des consciences, et ne s'en retirerait pas de sitôt.

*

Nous avons tenu à aller voir Łodz qui est la ville natale d'Élie et de mon vieil ami David Perlmutter. Chawa Goldberg, la mère de ma femme, y était née elle aussi, et nous avions l'espoir d'y retrouver peut-être la maison de ses parents. Hélas ! la rue où ils avaient habité avait été partiellement détruite, et le numéro de leur domicile n'existait plus. Quant au cimetière, près de la synagogue, il était toujours là, en friche, quasi abandonné. Suzanne essayait en vain de déchiffrer les noms sur les pierres. La plupart étaient tombées, souvent brisées, ou bien elles avaient été enlevées – ailleurs, comme à Piotrków, ainsi que nous ne devions pas tarder à l'apprendre, elles ont servi à daller les trottoirs... Cependant, l'institut Yad Vashem de Jérusalem avait enquêté, puis exhumé les noms de ces Juifs morts de faim, de froid et de maltraitance dans le ghetto au début de la guerre, jetés dans des fosses communes, réduits à l'anonymat. Des listes avaient été dressées. Et de jeunes Israéliens étaient venus récupérer des restes dans les fosses communes afin de reconstituer des sépultures individuelles portant les noms de ces premiers morts du ghetto de Łodz. De sorte que nous avons pu retrouver la trace d'un des grands-pères de ma femme, mort de faim dans le ghetto, et réciter pour lui un kaddish qui se faisait attendre depuis les années 1940.

La séquence la plus importante de ce séjour demeure pour moi, pour ma femme et ma fille, la visite que nous avons faite à Piotrków, ma ville natale. C'est un des centres urbains les plus anciens de la Pologne, resté un siècle durant rattaché à l'Empire russe, et où l'industrie s'est développée dans les domaines du textile, du bois et du verre. C'était aussi pour la région une sorte de capitale administrative dotée d'un grand tribunal – comme l'indiquait d'ailleurs son nom complet et officiel : Piotrków Trybunalski. Quand on regarde une carte de la Pologne, on voit qu'elle semble battre comme un cœur au beau milieu du pays. Est-ce la raison pour laquelle elle fut habitée des siècles durant par une population juive qui atteignait les vingt-cinq mille âmes avant la Shoah ? Il n'y a plus de Juifs aujourd'hui à Piotrków. Et, parmi les rares qui ont essayé d'y retourner dans l'immédiat après-guerre, certains y ont été accueillis par des menaces de mort, quand ils n'ont pas carrément été tués, comme cette malheureuse femme du nom de Sala Uszerowicz qui venait tenter de vendre un bien ayant appartenu à son père, et qui fut assassinée le jour même de la transaction, en même temps que son fiancé et une amie qui les accompagnait.

Un petit car nous a transportés à Piotrków : David Perlmutter, ma femme, ma fille et moi. David est né à Łodz où son père exerçait le métier de comptable, mais il n'y a pas vécu longtemps : son père était originaire de Piotrków et c'est là qu'il a préféré emmener les siens après l'arrivée des nazis. En effet, Łodz abritait déjà une nombreuse communauté allemande et la vie, pensait-il, risquait d'y devenir rapidement intenable. Il ne se doutait pas que la vie serait bientôt intenable partout ailleurs en Pologne. Quoi qu'il en soit, il est venu à Piotrków avec femme et enfant. David avait alors deux ans et demi.

L'immeuble qui avait appartenu à ses grands-parents existait toujours : c'était une maison bourgeoise de deux étages, assez grande pour abriter cinq ou six familles. David a reconnu le balcon du second étage : c'était celui de l'appartement occupé par son père et sa mère. Une scène lui revenait en mémoire : sa maman lui lançant de ce balcon un paquet contenant son goûter. Ma fille l'a pris en photo au pied de cette habitation tranquille alors qu'il en contemplait non seulement la façade, mais les enchaînements de souvenirs qui s'y trouvaient cachés, et qui étaient en train d'envahir ses pensées, comme surgis d'une boîte de Pandore. Après la photo, nous nous sommes approchés du magasin qui occupait le rez-de-chaussée de la maison. C'était une librairie dont la vitrine était pleine d'ouvrages d'inspiration négationniste. Ni David ni moi ne nous sommes étonnés. Nous connaissions la Pologne intimement, et nous avions déjà compris, à ce moment-là, que ce voyage avait peu de chances de modifier notre perception des choses.

Cet immeuble, où David a vécu tout petit, se trouve à la limite de ce qui deviendrait le « célèbre » ghetto de Piotrków où j'habitais moi-même, enfant, avec mes parents, mon très jeune frère et ma grand-mère maternelle. Je le qualifie de « célèbre » car c'est le premier ghetto créé en Pologne par les Allemands dès octobre 1939. Vingt-cinq mille Juifs s'y sont entassés jusqu'en octobre 1942, et vingt-deux mille d'entre eux seront assassinés à cette date, les autres – dont moi – ayant été soumis aux travaux forcés et envoyés dans les camps. La synagogue – la *schull*, en yiddish – existe toujours. Elle a été considérée un temps comme un des plus beaux édifices du pays. Ça ne l'a pas empêchée d'être le théâtre d'une *Judenaktion* dont je suis un des derniers témoins vivants : on y a enfermé, torturé et tué pendant plusieurs jours des centaines d'hommes, de femmes et d'enfants. Puis les survivants ont été emmenés dans un bois voisin pour y être abattus à la mitrailleuse, en vertu d'une méthode partout employée en Europe centrale pendant la Shoah.

Nous sommes entrés dans la schull. Elle était recyclée en bibliothèque. Un rideau pudique dissimulait – et dissimule encore, sans doute – les impacts laissés par les balles que les Ukrainiens ivres ont tirées sur nous au hasard en 1942. Je ne cessais de me demander comment il était possible que je sois là, bien vivant, en train de visiter ces lieux avec ma femme et ma fille, alors qu'avaient péri assassinés presque tous ceux qui les avaient fréquentés en même temps que moi. Pourquoi avais-je eu la chance d'en être sorti sain et sauf ? Et peut-on parler de chance quand l'histoire vous grave dans la tête des tourments voués à ne jamais vous laisser en paix ?

J'ai revu aussi en face de la synagogue l'immeuble toujours aussi misérable où vivait ma grand-mère paternelle. L'appartement de mes parents était un peu plus loin, au 4 Ulica Szewska, la « rue des Cordonniers ». Là encore, l'immeuble était inchangé, tel exactement qu'inscrit dans mon souvenir : une maison grise de deux étages dont le propriétaire était à l'époque un personnage tristement célèbre du nom de Szymon Warszawski, le président du *Judenrat*, le conseil mis en place par les nazis pour gérer la vie des Juifs, l'homme qui devait directement causer la mort de mon père, et dont il sera de nouveau question plus loin. J'ai revu la loge de la concierge, une chrétienne, qui surveillait la maison avant la création du ghetto. Et nous sommes restés un moment à contempler ce décor aux teintes grises, théâtre des milliers de scènes qui composent ma prime enfance. Je m'attendais presque à voir apparaître notre boulanger dont le magasin donnait sur la cour, ou le rabbin barbu en manteau sombre qui étudiait ici même et nous enseignait la Bible... Brusquement, je me suis tourné vers Suzanne et Sylvie :

« Qu'est-ce qu'on fait ?

— On entre », a dit ma fille.

Il y avait encore, à l'intérieur de l'immeuble, la petite cour où ma grand-mère fut tuée d'une balle dans la tête par les nazis en 1942.

Nous avons pris tous les trois l'escalier menant à l'appartement du premier étage, que mes petites jambes avaient tant de fois escaladé. Le temps n'y avait rien modifié : c'étaient les mêmes couleurs grisâtres de naguère, la même atmosphère. Nous sommes restés arrêtés quelques minutes devant la porte du logement où nous avions vécu, mes parents et moi, où mon jeune frère était né en juin 1939, alors que tout était déjà écrit. Et nous avons vu soudain qu'un homme nous observait d'un air intrigué. Il était entré dans l'immeuble après notre arrivée. Il nous a demandé en polonais s'il pouvait nous aider. J'ai répondu dans la même langue que j'avais habité cet appartement avant la guerre, quand j'étais jeune garçon. L'homme n'était pas hostile. C'est lui qui habitait là désormais. Il nous a proposé d'entrer. Il s'est montré aimable, mais légèrement sur la défensive : « Vous savez, je n'étais pas ici, à l'époque. »

Nous avons visité les deux pièces qui avaient servi à mes parents de logement et d'atelier. J'étais de nouveau assailli de visions : mon père avec son mètre-ruban de tailleur autour du cou, enfilant son veston pour recevoir un client important, mais ne pouvant s'empêcher de multiplier les plaisanteries ; maman au contraire toujours sérieuse et peu commode, auréolée de ses cheveux bruns, concentrée sur sa machine à fabriquer des bas, flanquée de l'employée qui les *remaillait* quand les clientes les rapportaient parce qu'ils avaient *filé*.

Un téléviseur trônait au fond de la pièce dans l'espace entre les deux fenêtres, à l'endroit même où se trouvait jadis le meuble à tiroirs surmonté d'une glace où l'on pouvait se voir en pied. J'ai dit à l'occupant des lieux, en pointant l'index dans cette direction : « Il y avait là-bas un petit salon d'essayage avec une glace éclairée par une lampe en col de cygne. »

Il a répondu : « Venez voir. »

Plus de cinquante ans avaient passé et la petite lampe en col de cygne était toujours là, fixée au mur, au même endroit exactement.

Je n'ai pas pu retenir mes larmes.

1

« Homme ! Attrape ces chiens ! »

À deux reprises, au cours de ma vie, j'ai dû changer de date de naissance mais, en vérité, je suis né le 27 décembre 1928 à Piotrków et j'ai grandi 4 Ulica Szewska, dans l'appartement de deux pièces cuisine dont il vient d'être question.

Mon père, Abram Bulwa, militait au sein du Bund, le parti socialiste juif, dont il était un des responsables locaux. C'était un homme cultivé, actif, connu de tout le monde, non seulement pour ses idées mais pour son sens de la solidarité. J'ai encore le souvenir des réunions qui, avant la guerre, se tenaient le soir à la maison. Il y était question, entre autres choses, du sionisme, une aspiration qui depuis cinquante ans faisait des adeptes dans les milieux juifs d'Europe centrale, et offrait une solution à ceux qui vivaient une angoisse réelle : l'impossibilité d'être juif dans le monde moderne, si fortement antisémite, et l'impossibilité de ne pas l'être. Or Abram, mon père, n'était pas sioniste.

L'avenir des Juifs s'inscrivait selon lui dans la diaspora, non dans la création d'un État hébreu. Il pensait que les Juifs étaient appelés à s'émanciper au même titre que les autres citoyens, et que cette émancipation, sur le long terme, profiterait à tous, Juifs et non-Juifs. C'était faire preuve d'un grand optimisme. Car pendant qu'avec ses amis il discutait des grandes questions sociales et de l'émancipation humaine, les Allemands lisaient *Mein Kampf.*

Le livre d'Adolf Hitler, paru en 1925, avait certes connu des débuts timides, mais il se vendait désormais à des milliers d'exemplaires, et ce depuis le début des années 1930. On y préconisait, entre autres choses, l'élimination définitive des Juifs et des Tziganes. Le message était on ne peut plus clair. Comment des gens aussi instruits que les Allemands pouvaient-ils se laisser envoûter par de telles projections, c'était pour beaucoup un mystère – et c'est probablement un mystère aujourd'hui encore. Mon père et ses camarades en débattaient d'ailleurs lors de leurs réunions. J'entendais les éclats de voix.

Une chose à présent me frappe par son évidence : ces militants avaient conscience d'un danger dont ils ne prenaient pas la mesure. Les Juifs s'attendaient à traverser des temps difficiles, mais aucun d'eux ne pensait que serait mise en œuvre leur pure et simple destruction en tant que peuple. Ce qui était pourtant le cas. C'était écrit dans *Mein Kampf.* Et Hitler était au pouvoir.

Certains Juifs – les « pessimistes » – commençaient d'ailleurs à choisir l'exil. C'étaient ceux qui avaient de la famille à l'étranger : ils pouvaient présenter aux autorités polonaises les invitations et autres papiers permettant de fuir. Cela voulait dire partir loin mais, comme on dit en yiddish d'un ton fataliste : « *Veyt fun vau ?* » (« Loin d'où ? ») Un cousin germain, neveu de ma mère, Moniek Kaminski, avait un oncle à New York. Cet oncle lui a envoyé par la poste les papiers nécessaires et le cousin s'est embarqué sur le *MS Batory.* Ce fut la dernière traversée de l'Atlantique effectuée par ce navire polonais vers les États-Unis : amarré à New York à la déclaration de guerre, il fut réquisitionné par les Anglais. En tout cas, ce cousin fut sauvé par ce voyage.

Nous, nous n'avions de famille nulle part à l'étranger, de sorte que mes parents ne se sont pas posé sérieusement la question de partir. Du reste, il faut le répéter, ils ne pouvaient anticiper un événement tel que la Solution finale. Le souvenir de la Première Guerre mondiale était encore dans tous les esprits et c'était une épreuve à laquelle les Juifs avaient survécu. Pourquoi n'en irait-il pas de même cette fois ?

Nous étions cinq à nous partager ce deux-pièces cuisine au premier étage de la rue Szewska : mon père Abram Bulwa, ma mère Ester Malka née Kaminska, mon jeune frère nouveau-né Moniek que nous appelions Moïshe, et ma grand-mère Haia Kaminska, la mère de maman. C'était une tradition cultivée par les familles juives de ce temps : une femme devenue veuve, quand sa fille se mariait, la suivait dans le nouveau foyer.

Mon père était un homme vif, volontaire et toujours bien mis – de toute façon maman n'aurait pas supporté qu'il n'eût pas une chemise bien repassée au col impeccable. Mes parents ne me traitaient pas sévèrement, d'abord parce qu'ils avaient un doux caractère, ensuite parce que j'étais un garçon sage, moins enclin à faire des bêtises qu'à nourrir la fierté de ceux qui m'avaient mis au monde.

Papa et maman étant très pris, c'est pour ainsi dire ma grand-mère Haia qui m'élevait. J'étais son *larchtig kind* – l'expression évoque une « merveille d'enfant ». Dans ma prime enfance, elle me berçait en fredonnant des airs où revenait sans cesse le mot *kröynen* qui signifie « couronne de roi » – j'imagine qu'elle me voyait comme son petit roi, comme le prince du royaume familial sur lequel elle régnait. Car si elle s'occupait des deux garçons, mon tout jeune frère et moi, elle faisait aussi tourner la maison. C'est elle, par exemple, qui se chargeait de cuisiner le fabuleux *cholent* du shabbat. L'opération occupait une bonne partie de son vendredi : il fallait couper la viande de bœuf avec le plus grand soin et la disposer en couches dans une lourde cocotte en fonte, avec les pommes de terre, les haricots et les herbes. La cocotte irait passer la nuit en bas, dans le four du boulanger où ce mijoté cuirait tranquillement tandis que la viande et les légumes passeraient une bonne douzaine d'heures à fondre et à se mélanger ensemble. Le samedi matin, c'était un honneur pour moi que de descendre chercher ce plat pour qu'il soit servi au repas de midi. Grand-mère Haia était l'incarnation de la *yiddishe bubbe* pleine de bonté qui parfois soupirait de fatigue en lâchant ces *Oye vaï* fatalistes où s'exprime depuis des siècles l'âme ashkénaze la plus profonde et la plus populaire.

Mon autre grand-mère, la mère de mon père, comme maman prénommée Ester, occupait un logement des plus modestes en face de la synagogue. Mon père avait trois frères et une sœur. Les familles pauvres sont souvent des familles nombreuses et j'ai compté que la nôtre, au sens le plus large, totalisait quatre-vingts personnes au moment de l'invasion allemande. Nous serons quatre seulement à survivre à la Shoah : moi et trois de mes cousins germains appelés Adash Bulwa, Jakob Eisenberg et Adam Kaminski. Aucun ne retournera en Pologne. Adash – qui vit toujours – partira pour Manchester, Jakob pour New York et Adam pour Miami.

À la maison, étant donné l'activité qui régnait autour de nous, les repas ordinaires de la semaine se prenaient bien souvent sur le pouce. On mangeait à midi du hareng gras, des pommes de terre recouvertes d'un *reichertz* – des oignons frits – tandis que le dîner se composait de pain, de beurre et de fromage, ou de pain et de saucisson avec un verre de thé – un *glouz tai*, pour exprimer la chose en yiddish de Pologne.

Notre famille n'était pas religieuse, même si ma grand-mère Haia faisait tout son possible pour que soient respectées les règles du shabbat. Mes parents allaient à la schull pour les fêtes seulement. Pourtant, je prenais tous les après-midi le chemin du *heder*, l'école juive où l'on nous enseignait l'hébreu, la Bible et le Talmud Torah. Après le heder, les enfants juifs des familles pratiquantes entraient à la *yeshiva* mais il n'y aurait pas d'études secondaires pour moi : elles seraient remplacées par le travail forcé au service de l'Allemagne – comme les Juifs de l'Antiquité avaient été condamnés à l'esclavage.

En attendant, le matin, avec mes camarades, nous fréquentions une école laïque privée, payée par nos parents et réservée aux élèves juifs. C'était un établissement d'enseignement général où les études se déroulaient en polonais. Les catholiques avaient leurs propres cours élémentaires publics. Il fallait marcher une dizaine de minutes pour atteindre notre école et les enfants catholiques nous attaquaient régulièrement en chemin. Ils essayaient de nous frapper à la tête avec leurs plumiers en bois. Nous étions obligés de nous défendre, de rendre coup pour coup. Selon nous, c'étaient des idiots de Polonais, des têtes de goy – des *goyshe kopf*, comme on disait. Ils commençaient par téter la haine des Juifs au sein de leur mère, puis le catéchisme prenait le relais et les prêtres se chargeaient de leur répéter que les méchants Juifs avaient tué Jésus.

Quand le mot « juif » – *żydowski* ou plus simplement *zyd* – arrivait dans une phrase polonaise, c'était pour signaler le mal, le malheur, au mieux quelque chose de grossier. Le Youpin, le *Zydlak*, était toujours de trop – il usurpait, il volait, il polluait la vie sociale, il était lubrique et incapable de grandes réalisations.

Quand le petit Polonais grandissait, cet état d'esprit s'ancrait en lui et tous les adultes, pour ainsi dire, pratiquaient un antisémitisme vulgaire qui ne leur posait pas le moindre problème, tant il avait fini par devenir naturel, une composante de leur être. Ils allaient à l'église matin et soir mais le fait que Jésus lui-même fût juif, qu'il eût pratiqué la cacherout et enseigné dans les synagogues de Judée n'effleurait jamais leurs pensées – quand bien même c'était écrit en toutes lettres dans leurs propres livres. Si on leur avait dit que l'Évangile avait été écrit par des Juifs, ils n'en auraient pas cru leurs oreilles. Apparemment, c'était un point sur lequel ils étaient aveugles ; et quant à l'amour du prochain, il perdait toute signification à leurs yeux dès lors qu'il concernait la race de Jésus.

J'étais excellent à l'école et montré en exemple, dans la classe, pour mon côté bien mis : je devais toujours être tiré à quatre épingles et Dieu sait que ma mère y veillait ! Mais je ne profitais pas de cette bonne réputation pour me faire valoir. Je préférais rester modeste et honnête. Je parlais le polonais couramment, comme mes parents, comme leurs employés, comme mes oncles et mes tantes. Ma grand-mère, elle, me parlait en yiddish car c'était la langue qu'elle pratiquait le mieux, et la mieux à même d'exprimer les sentiments éprouvés par les Juifs ashkénazes. Je connaissais aussi l'allemand. Comme je l'ai dit, les Juifs pauvres avaient à cœur de s'élever dans l'échelle sociale et il existait des quartiers, à Piotrków comme ailleurs, où vivaient des Juifs aisés, généralement assimilés, en tout cas embourgeoisés après qu'ils avaient réussi, en dépit des *numerus clausus*, à devenir médecins, voire avocats, ce qui était encore plus rare. Tel était le destin dont on rêvait pour moi dans ce petit logement de la rue Szewska. Et c'est peut-être ce qui serait arrivé si Hitler n'avait pas envahi la Pologne.

J'avais donc bientôt onze ans, le 1er septembre 1939, quand les Allemands, avec la bénédiction de Staline, ont déclenché leur guerre éclair – le fameux *Blitzkrieg* – et la Seconde Guerre mondiale par la même occasion. L'opération n'a laissé aucune chance à l'armée polonaise : le pays fut occupé en l'espace de quatre semaines par l'Allemagne et l'URSS, et Varsovie tomba le 28 septembre. Les persécutions ont commencé tout de suite : des Juifs étaient arrêtés sans explication pour être envoyés au travail forcé, ou fusillés sans autre forme de procès. Très vite, la Wehrmacht a décidé de créer à Piotrków, dans ma ville natale, le premier ghetto juif de Pologne. Le décret fut signé le 8 octobre 1939 et je n'ai jamais oublié cette date qui marque pour moi le début de l'enchaînement fatidique au cours duquel je devais tout perdre – tout, sauf la vie.

À bien des égards, notre quartier était déjà une sorte de ghetto : c'était un secteur pauvre de la ville, habité essentiellement par des Juifs – les rares non-Juifs qui y résidaient étaient souvent les concierges des immeubles. Les Allemands n'ont eu qu'à boucler la zone et à dérouler des fils barbelés pour contrôler les allées et venues. Les quelques Polonais chrétiens qui restaient encore ont eu tôt fait de déménager. Et l'occupant, selon un procédé qui devait se répandre dans toute l'Europe de l'Est, a mis en place un *Judenrat*, à savoir une administration juive dont le comité, en ce qui concerne Piotrków, se composait de vingt-quatre membres.

La mission de ce *Judenrat* était la pire qui puisse incomber à un honnête homme puisqu'elle consistait à répondre aux exigences de l'envahisseur. Si l'occupant avait besoin de main-d'œuvre pour le travail forcé, le *Judenrat* fournissait les bras nécessaires. S'il fallait extorquer de l'argent aux Juifs, le *Judenrat* s'en chargeait. Quand les Allemands réclamaient des otages pour réprimer quelque action de révolte, les otages leur étaient fournis. Le *Judenrat* disposait même d'une police juive chargée de faire exécuter les ordres. Nous l'appelions la « police sanitaire ». Elle s'occupait en effet d'évacuer les blessés, les malades. Et elle nous inspirait la plus grande méfiance car certains de ces « infirmiers » fournissaient des renseignements aux nazis.

À Piotrków comme ailleurs, les membres du *Judenrat* se sont retrouvés dans une situation intenable. Certains essayaient de protéger les Juifs au maximum, voire d'organiser une entraide humanitaire tout en cédant le moins possible aux Allemands. D'autres s'efforçaient avant tout de sauver leur peau et la vie de leurs propres enfants. D'autres encore ont fini par mettre fin à leurs jours tant la pression était insupportable. Le propriétaire de notre appartement, Szymon Warszawski, était membre du *Judenrat*. Il en est même devenu le président après le suicide de son prédécesseur. Il a réussi à sauver ses filles qui, par la suite, se sont installées en France. Il a laissé son nom dans l'histoire du ghetto, et dans mon histoire personnelle également, comme on le verra plus loin.

Très vite, nous avons vu des Polonais débarquer dans le ghetto en arborant un brassard « *Kind des Volkes* », autrement dit : « Enfant du peuple ». C'était pour eux une façon de signaler à l'occupant qu'ils avaient du sang allemand dans les veines, et qu'ils approuvaient l'invasion de la Pologne par Hitler. En principe, il ne leur était pas permis de pénétrer dans le ghetto mais ils payaient les soldats qui les laissaient passer. C'était un bon investissement car, une fois dans la place, ils s'introduisaient dans les appartements et entreprenaient de voler tout ce qu'ils voulaient. Ou bien ils nous terrorisaient pour obtenir de l'argent. Car, en général, ils étaient armés.

En quelques jours, le quartier a complètement changé. En effet, des Juifs arrivaient de partout en Pologne : de Varsovie, de Łodz, de Płock, etc. Ces déplacements de population touchaient des familles entières. Les Allemands étaient venus frapper à leur porte et les avaient informés qu'ils avaient dix minutes pour faire leur valise. Débarqués à Piotrków en traînant quelques biens rassemblés à la hâte, ils devaient s'entasser dans des maisons déjà occupées dont certaines n'avaient ni l'eau courante, ni l'électricité, ni aucune installation sanitaire.

Pendant ce temps, le tissu commercial qui avait animé ces rues se déchirait chaque jour davantage : la plupart des boutiques fermaient, les échoppes aussi, et les queues s'allongeaient interminablement à l'entrée des magasins qui arrivaient encore à tenir. Il y avait tout près de chez nous un imprimeur ami de mon père : son entreprise a fermé presque tout de suite. Quant aux journaux yiddish, ils avaient bien sûr cessé de paraître. Notre quartier, qui comptait environ six mille personnes avant l'occupation allemande, a vu sa population grimper jusqu'à vingt-huit mille âmes ! Bien sûr, une fois que ces Juifs venus d'autres agglomérations avaient atterri dans le ghetto, le piège se refermait sur eux. Il fallait, pour sortir, un *ausweis* délivré par les autorités. Certains ont accepté de se ruiner pour obtenir le fameux ausweis et tâcher ensuite de fuir la Pologne au péril de leur vie.

La faim est arrivée très vite dans le cortège des persécutions et des rafles. Tous les jours, des camions entraient. Le bruit des moteurs était caractéristique, ma grand-mère ne pouvait m'empêcher de courir à la fenêtre. Je voyais alors d'un œil épouvanté les Allemands arrêter les adolescents en pleine rue. Puis, en gueulant des ordres, ils les forçaient à grimper dans les camions. Entre-temps, un attroupement s'était formé, où s'exprimait l'incompréhension la plus absolue. Personne ne savait où ces jeunes gens étaient emmenés, ni si nous les reverrions un jour. Le fait est que certains d'entre eux revenaient, généralement au bout de deux ou trois semaines. Ils étaient amaigris, nerveux. Ils racontaient ce qu'ils avaient vécu, la réalité du travail obligatoire.

« Ils nous ont obligés à assécher des marais ! disaient-il. On crevait de faim. Ils nous donnaient la *schlague*. Et celui qui se rebiffait, c'était une balle dans la tête ! »

Il y avait toujours dans le « public » un incrédule pour s'exclamer : « Ce n'est pas vrai ! C'est inventé ! C'est des mensonges, des *lig'nt…* »

Et les jeunes répliquaient alors avec colère : « Vous verrez bientôt si c'est inventé. Vous verrez si c'est des *lig'nt.* »

Ma famille a continué de vivre dans le petit logement de la rue Szewska mais bientôt une tante, un oncle et trois cousins ont débarqué de Łodz : très vite nous nous y sommes retrouvés à dix. Cette promiscuité posait d'énormes problèmes et la situation était d'autant plus pénible que l'appartement a continué un temps de servir d'atelier de tailleur pour mes parents et leurs employés. Nous étions fatalement les uns sur les autres. Les nuits étaient difficiles et, le jour, nous avions peur. Pour les enfants juifs de mon âge, il n'y avait plus d'école. Et le heder avait fermé ses portes. De toute façon, la vie étant complètement désorganisée, et le danger permanent à cause du climat de terreur s'étant installé dans les rues, mes parents hésitaient à me laisser sortir.

Ils ont décidé finalement de confier mon éducation à une femme qui a bien voulu me donner clandestinement des cours particuliers, en même temps qu'à plusieurs de mes camarades. Cette femme, du reste, était une nièce de Szymon Warszawski – le monde est petit, même dans un ghetto surpeuplé. Elle a fait de son mieux, aidée par le fait que j'étais un élève doté de bases solides puisque j'avais toujours eu à cœur d'apprendre mes leçons et de faire mes devoirs.

Mais les conditions étaient défavorables. La peur régnait autour de nous. Le danger – souvent mortel – rôdait partout. Les repères qui forment la trame d'une vie normale tombaient les uns après les autres sous nos yeux. Aucun enfant n'aurait pu se concentrer dans de telles conditions, avec cette menace de mort imminente qui ne nous quittait plus, et les cris qui retentissaient de toute part autour de nous. Si bien qu'en 1942, quand ma scolarité prendrait fin, j'aurais à peine le niveau de ce que l'on appelle ici le certificat d'études.

Mes parents, à ce moment-là, auraient tout de même réussi, en dépit de tout, à me faire faire ma bar-mitsvah. Je l'ai dit, ils n'étaient pas pratiquants. La religion ne comptait pas pour eux. Mais la bar-mitsvah, c'est le moment où le garçon sort de l'enfance pour devenir un *mensch*, comme on dit en yiddish, autrement dit un *homme*, ou mieux encore un *type bien*, et même les

Juifs libéraux, comme l'étaient mon père et ma mère, tenaient à célébrer ce passage sur un mode traditionnel, comme ils avaient tenu, d'ailleurs, à faire circoncire leurs deux fils. Je me rappelle le cadeau que j'ai reçu en tant que *bar mitsvah* : une montre – ce qui, dans le contexte, relevait de l'exploit. Mais je me rappelle aussi que la cérémonie, qui s'est déroulée en décembre 1941 dans un local clandestin faisant office de synagogue, fut marquée par une profonde tristesse ; normalement, en pareille circonstance, la joie s'empare des familles, et cette fête bien sûr nous fut refusée.

Les humiliations à l'encontre des Juifs ont continué de se multiplier. À vrai dire, nous savions très bien qu'elles étaient monnaie courante depuis le XIXe siècle : elles faisaient partie de la vie des Juifs. Avant les nazis, beaucoup de Juifs étaient assimilés, ce qui ne les empêchait pas d'être traités par les catholiques comme des boucs émissaires dès qu'un problème survenait. Chez nous, même les enfants connaissaient le mot *pogrom* – un terme russe signifiant « piller », « détruire ». Il faisait partie de la vie juive, en quelque sorte. Toutes les familles vivaient dans l'idée que le feu couvait sous la cendre, qu'il suffisait d'une étincelle pour que tout s'enflamme à nouveau. J'ai vu par exemple, avant la guerre, une fête du 1er Mai s'achever par une expédition contre les Juifs : de jeunes Polonais pris de boisson sont venus le soir s'en prendre à nous. Les jeunes Juifs ont dû répliquer, au risque de s'attirer des ennuis avec la police car les Juifs avaient forcément tort aux yeux des autorités. En gros, la menace était permanente, même si, entre les crises, nous menions au final une existence plutôt prospère, non dénuée d'espoir en tout cas.

Juifs et chrétiens vivaient d'ailleurs sur un mode séparé. Le gros du commerce, par exemple, se faisait au sein des communautés. Plus exactement, si les Polonais allaient acheter des produits chez les Juifs, les Juifs, qui presque tous mangeaient casher, avaient coutume de se fournir chez les Juifs. De même, les mariages, les relations sociales, les amitiés naissaient et se développaient au sein des communautés. Bien sûr, il y avait des échanges mais, même alors, la séparation continuait d'opérer dans les cerveaux, prête à ressurgir au moindre problème. Résultat, l'arrivée des Allemands a complètement désinhibé les Polonais qui, du jour au lendemain, se sont estimés autorisés à se venger ouvertement du mal imaginaire que les Juifs leur avaient fait.

J'ai vu à la lisière du ghetto des Polonais applaudir à des brimades, et d'autant plus vigoureusement qu'elles s'exerçaient désormais en toute impunité. Les Juifs souvent portaient la barbe : les soldats allemands leur rasaient la moitié de la figure en pleine rue, ou ils leur arrachaient leur chapeau pour leur dessiner à la tondeuse une croix sur le crâne. Ou bien ils battaient les jeunes et les vieillards pour le simple plaisir de les voir souffrir. Ces persécutions gratuites, supposées amusantes, auxquelles j'ai assisté, se déroulaient souvent près des barbelés, en présence des habitants polonais rassemblés pour l'occasion, et que le spectacle mettait en joie.

Bien sûr, l'armée allemande occupait leur pays et ils étaient eux-mêmes soumis à la tyrannie. Ils ne pouvaient prendre facilement le risque de se révolter. Mais de là à applaudir au spectacle d'un homme juif, d'une femme juive, d'un enfant juif humiliés publiquement ! J'ai constaté hélas que le pas était vite franchi, et avec une puissante jubilation, alors même que les faits prenaient souvent une tournure si obscène que ceux qui y ont assisté, ou les ont subis, comme c'est mon cas, auraient honte de simplement les décrire.

Je sais que plus de six mille Polonais courageux ont protégé les Juifs et sont inscrits sur la liste des Justes au mémorial de Yad Vashem, mais lorsque j'en viens à mon expérience personnelle, je suis forcé de constater que les Polonais applaudissaient aux exactions menées contre nous. Quant à ceux qui ont accepté de cacher des femmes ou des enfants, dans mon souvenir, ils l'ont fait bien souvent tant qu'il y avait de l'argent à gagner ; lorsque l'argent est venu à manquer, les Juifs ont finalement été livrés à la police, quelquefois en échange d'une bouteille de vodka ou d'un kilo de sucre.

Pour dire d'une autre façon la violence incompréhensible qui régnait autour de nous, je me rappelle un officier SS connu des Juifs sous le nom de William. Il pénétrait dans le ghetto avec son chien, et soudain lui lançait l'ordre suivant : « *Mensch ! Nem diese Hunde !* » Traduire : « Homme ! Attrape ces chiens ! » Et il détachait le molosse qui était dressé à attaquer les gens. Il appelait son chien « homme » et nous, les Juifs, nous étions des « chiens ». Dès que le SS William était en vue, les rues se vidaient, et il devait éprouver alors un incroyable sentiment de puissance.

Cet homme était un SS, un officier de la sinistre *Schutzstaffel*, la « garde de protection » devenue l'instrument politique du régime, de sa politique antijuive notamment, mais la terreur qui régnait dans la population juive n'était pas seulement l'œuvre des nazis : la Wehrmacht, c'est-à-dire l'armée allemande, y apportait son concours, comme je l'ai constaté de mes propres yeux d'enfant.

Toutes les semaines, et même plusieurs fois par semaine, les Allemands entraient dans le ghetto et forçaient les portes des appartements à des fins de perquisition. Une fois dans la place, ils fouillaient les armoires et vidaient les tiroirs. Ils avaient décrété que les Juifs n'avaient pas le droit de garder de l'argent chez eux, et ils les soupçonnaient toujours d'en avoir caché quelque part. Or, je savais que mes parents avaient dissimulé de l'argent et des objets de valeur sous le plancher de la cuisine. Du coup, je n'en étais que plus épouvanté. Je me disais que les Allemands finiraient par découvrir le pot aux roses, qu'ils allaient tout prendre et qu'après nous n'aurions plus rien.

Cependant ils ne cherchaient pas seulement à nous voler notre argent, ils s'intéressaient aussi aux objets, et notamment aux fourrures. Les hivers polonais sont très rigoureux et mon père s'était confectionné, bien avant la guerre, une pelisse doublée en fourrure de loutre. Puis les nazis avaient décidé que les Juifs n'avaient plus le droit de porter de fourrure. Mon père alors avait caché cette fourrure de loutre sous une doublure de toile. Lors d'une de ces fameuses perquisitions, un soldat s'est mis à examiner le vêtement d'un œil soupçonneux. Ce fut pour nous un moment atroce. Chacun anticipait la suite. Soudain le soldat a déchiré la doublure et compris le subterfuge. Non seulement il s'est approprié le manteau, mais il a décidé que mon père méritait une correction. Il l'a agoni d'insultes et, à plusieurs, ils l'ont roué de coup devant nous – ma mère, ma grand-mère, mon jeune frère et moi.

On n'imagine pas ce que ressent un garçon dont le père est passé à tabac sous ses yeux, la douleur qu'il éprouve et le sentiment d'injustice qui le pénètre, dans un contexte de désespoir généralisé. Quand les bourreaux son repartis, papa était défiguré. J'en ai eu le cœur à jamais brisé. Et ce n'était encore que le début de nos malheurs.

*

Dès 1940, papa a dû cesser son activité de tailleur pour aller travailler dans une verrerie du nom de Phenix, située en dehors du ghetto. Certaines usines continuaient de tourner, au profit des Allemands bien sûr. Une menuiserie à Bugaj fabriquerait bientôt des luges pour leurs troupes qui combattaient sur le front de l'est. Dans une autre entreprise de la région, on confectionnait des uniformes – cousus par des tailleurs juifs à qui on avait tout pris et interdit d'exercer leur métier chez eux. Cette usine de vêtements avait d'ailleurs recruté deux ex-ouvriers de mon père, grâce à lui.

Car Abram était un homme connu. Il avait une importante clientèle, pas seulement juive d'ailleurs. Le directeur de l'usine Phenix était un de ses clients. Papa connaissait beaucoup de monde par ailleurs et, en bon militant, il savait se montrer persuasif. Quand il a commencé à l'usine, il s'est débrouillé pour me garder avec lui. Son idée, bien entendu, était de me protéger, de m'avoir sous les yeux. Papa, pour me faire entrer à l'usine, avait menti sur mon âge. Il m'avait procuré de faux papiers d'après lesquels j'étais censé avoir quatorze ans et non pas douze. Le mensonge a fonctionné auprès du *Judenrat* qui, sans doute, n'était pas dupe. Et ce fut une bonne chose. Car, d'après les bruits qui circulaient désormais, ceux qui ne travaillaient pas couraient le risque d'être *déportés* par les Allemands.

Le mot, aujourd'hui associé aux camps de la mort et à la Shoah, n'avait pas alors, pour nous, une signification précise. Nous ne comprenions pas très bien ce que voulait dire être *déporté*. Dans leurs conversations, les Juifs pensaient qu'il devait s'agir de travail forcé en territoire étranger. C'était la guerre. Les Allemands devaient faire tourner leurs usines pour répondre aux besoins de leurs armées et de la population. Beaucoup de leurs hommes participaient aux opérations militaires déployées en Europe. Aussi, quand nous entendions dire qu'ils avaient déporté des Juifs, nous pouvions concevoir qu'ils les *déplaçaient* afin de les employer comme main-d'œuvre à bon compte. Aucun Juif de Piotrków ou d'ailleurs n'avait envie de partir pour l'Allemagne et de travailler gratuitement dans leur industrie. Mais c'était en général la pire des hypothèses qu'ils arrivaient à imaginer. Que le mot « déportation » puisse signifier la mort industrielle de populations entières, ce n'était ni envisagé ni envisageable.

À l'usine Phenix, on faisait, comme on dit, les « trois huit ». On allait du ghetto au travail. J'étais considéré comme un apprenti : je mettais le verre à fondre dans les fours. C'était pénible pour un gosse de mon âge mais, en un sens, je n'étais pas fâché de sortir de cette prison infernale et surpeuplée qu'était le ghetto, même si c'était pour aller passer de très longues heures dans une autre où l'on avait intérêt à obéir sans discuter si on ne voulait pas être remis aux Allemands et *déporté*, où il n'y avait pas moyen de manger ni de faire de pause. En même temps, je n'étais pas tranquille car je pensais à ceux qui restaient dans le ghetto, à ma mère, à mon frère, à mes grand-mères. Je redoutais qu'il ne leur arrive quelque chose pendant notre absence : nos vies, aux yeux des Allemands et de leurs affidés polonais et ukrainiens, avaient absolument perdu toute valeur.

Le 13 octobre 1942, on nous a informés, nous les ouvriers de la Phenix, qu'il faudrait venir le lendemain matin avec des vêtements de rechange car nous ne pourrions pas retourner dans le ghetto après la journée de travail. Ils nous ont dit aussi que nous devrions attendre une semaine avant de pouvoir rentrer « chez nous » – l'expression avait déjà perdu son sens, vu les conditions de vie qui étaient devenues les nôtres, mais le vocabulaire ne s'était pas encore adapté à la réalité. Ainsi, nous allions être obligés de passer sept jours et sept nuits sans sortir de l'usine...

Je dois dire que nous n'étions qu'à moitié surpris par ce genre de nouvelles : depuis la création du ghetto, et l'arrivée massive des Juifs à Piotrków, nous sautions d'une absurdité à l'autre, d'une cruauté à l'autre. Cependant, les questions allaient bon train. Nous nous demandions ce que les Allemands avaient manigancé cette fois. Avaient-ils l'intention de supprimer les équipes et de nous faire fabriquer du verre vingt-quatre heures sur vingt-quatre ? Mais ce qui prévalait, bien entendu, c'était l'inquiétude. Huit jours sans contact avec nos familles ! Qu'allait-il advenir d'eux pendant ce temps ? S'il leur arrivait quelque chose – et tout pouvait arriver depuis qu'ils nous avaient enfermés –, comment ferions-nous pour leur venir en aide ? Je pensais à Moniek, mon petit frère : les enfants en bas âge ont tôt fait de tomber malades. Ma grand-mère était une femme âgée qui se déplaçait difficilement. Ma mère pouvait se faire importuner par les SS. Mon autre grand-mère, ma grand-mère Bulwa, la mère de mon père, qui habitait en face de la synagogue, était-elle en sécurité ?

Ce soir-là, beaucoup ont envisagé de fuir plutôt que de retourner le lendemain à l'usine avec du linge pour une semaine. Mais fuir était impossible. Sortir du ghetto en pleine nuit, c'était presque à coup sûr mourir sous les balles des sentinelles allemandes. Et si l'on arrivait à s'enfuir, par un coup de chance incroyable, que faire une fois dans les rues de Piotrków ? Prendre un train pour Varsovie ? La gare était réquisitionnée et surveillée. Un fuyard juif serait repéré aussitôt. Et si l'on arrivait à prendre un train pour Varsovie, que faire une fois dans la capitale ? Que s'y passait-il vraiment ? On disait que là-bas aussi le vieux quartier juif du centre avait été bouclé et transformé en ghetto...

Finalement, le lendemain, papa a décidé qu'il valait mieux retourner à l'usine Phenix avec nos baluchons. De leur côté, maman et Moniek ne resteraient pas dans l'appartement mais rejoindraient le dernier étage d'une maison voisine où une cache était aménagée depuis quelques jours en prévision d'une rafle éventuelle. Par précaution, la pièce avait été murée de l'intérieur, et plusieurs femmes et enfants pouvaient s'y réfugier avec des vivres. Quant à ma grand-mère Haia, affaiblie, elle demeurerait seule dans l'appartement.

À l'usine, les autorités nous ont casernés pendant une semaine, comme annoncé. Des gardes surveillaient les entrées, et nous n'avions plus qu'à travailler et à nous morfondre en nous inquiétant pour nos familles.

Au retour, huit jours après, nous avons pu voir combien nos craintes étaient justifiées. Mais ce qui s'était passé pendant notre absence, une fois de plus, était inimaginable.

Le ghetto était désert...

Pour le dire froidement, en termes de chiffres : sur les vingt-huit mille Juifs entassés dans le ghetto, vingt-deux mille avaient été emmenés entre le 14 et le 21 octobre, c'est-à-dire pendant la semaine où nous étions restés enfermés dans la verrerie Phenix. Quelle organisation les Allemands avaient dû déployer pour obtenir ce résultat ! Ils avaient opéré avec l'aide de la police polonaise et des *Hiwi*, comme on appelait leurs auxiliaires ukrainiens.

D'après ce que nous avons pu apprendre de la bouche de ceux qui étaient toujours là, la liquidation du ghetto avait débuté la nuit même du 14 octobre, sous les ordres du SS William. Les Allemands avaient commencé par décompter les personnes qui ne seraient pas en mesure de se déplacer. Elles étaient au nombre de mille environ. Toutes ont été assassinées, dans les immeubles mêmes, sous prétexte d'« insubordination ». La police sanitaire évacuait les corps. Le lendemain, les autres habitants, les « valides », ont été rassemblés devant la synagogue en vue d'une de ces opérations dites de « sélection » qui commençaient d'avoir lieu en Europe et qui sont une des marques du nazisme. Il s'agissait de sélectionner ceux qui étaient aptes au travail forcé dans les usines de Piotrków. Les autres devraient partir. Et en effet, ils ont commencé à partir dès le lendemain et les jours suivants.

On nous a raconté les cris des enfants, les aboiements des chiens, les ordres gueulés au haut-parleur par les SS, les gens sortant du ghetto pour traverser la ville en rang et rejoindre la gare sous les yeux des Polonais qui avaient la bonne fortune de ne pas être juifs. À la gare, paraît-il, les wagons à bestiaux attendaient le long des quais. Les Juifs s'y sont entassés – cent cinquante personnes par wagon. Il n'y avait pour eux ni eau ni nourriture de prévues. On disait que la destination était Treblinka, ou Majdanek.

Quant au sort de ma mère et de mon frère, nous l'avons su assez vite. Les nazis, qui ne voulaient rien laisser au hasard, étaient entrés dans les immeubles avec des chiens, lesquels avaient flairé la présence de personnes humaines dans le fameux grenier, derrière le mur. Et toutes les personnes qui se cachaient là avaient été raflées.

Depuis l'arrivée des Allemands, je faisais l'expérience de cette méthode atroce qui consistait à terroriser les populations sans leur laisser la moindre chance, sans négliger aucun détail, en n'usant que d'une seule menace, la mort. En tant que jeune garçon, j'étais terrifié, mais tout le monde l'était. Vous quittez une zone surpeuplée et à votre retour, une semaine plus tard, les rues et les maisons sont désertes ; tandis que les Juifs « sélectionnés » pour le travail et autorisés à rester vous décrivent avec des yeux hallucinés des scènes abominables d'exécutions et de violences atroces exercées contre les personnes les plus faibles.

Avec papa, au retour de l'usine, nous avions caressé l'espoir de retrouver maman, le petit Moniek, ma grand-mère Haia et ma grand-mère Bulwa parmi ceux qui restaient dans ce que l'on appelait déjà le « petit ghetto », à savoir le quartier compris désormais autour d'une seule voie, la rue Staro-Warszwska. Puis il a fallu se rendre à l'évidence : ils n'étaient plus là – ni ma mère, ni mon frère, ni les grand-mères. Un chagrin terrible m'a envahi et j'ai senti que mon père commençait à comprendre qu'il se passait quelque chose de spécial.

Jusqu'à ce jour où nous étions rentrés dans le ghetto vide, et où nous étions partis à la recherche des nôtres, il s'était montré, disons, plutôt confiant. Il savait que les Juifs avaient l'habitude d'en voir de toutes les couleurs et que l'antisémitisme politique fonctionnait souvent par vagues, au gré des crises. Cette vague, si atroce et inédite qu'elle fût, finirait bien par se retirer. Alors la vie reprendrait son cours : le travail, l'action sociale, l'éducation des enfants, les bar-mitsvah, les *hassene* – comme on appelait les mariages – et l'entraide entre les familles dont il s'était fait une spécialité.

D'ailleurs, il s'estimait plus ou moins protégé par son statut de *mensch*, de personne en vue au sein de la communauté. Et c'est la raison pour laquelle il n'avait pas vraiment songé à faire sortir du ghetto maman, Moïshe et les grand-mères. À présent, la vérité était là. Comme il a dû se sentir coupable ! Il avait réussi à protéger son fils aîné, mais sa femme et son autre fils avaient disparu. Sa propre mère, grand-mère Bulwa, était introuvable. Ainsi que sa belle-mère, grand-mère Haia, la mère de maman.

Un violent chagrin s'ajoutait à la peur et à une angoisse collective qui allait grandissant car il suffisait de contempler les rues vidées de leurs habitants pour commencer à admettre que oui, vraiment, tout était en train de devenir possible – même l'impensable.

Je dois préciser à ce point de mon récit une chose que je ne savais pas encore : maman, Moïshe et ma grand-mère Bulwa ont été emmenés à Treblinka où ils ont péri dans les chambres à gaz. Treblinka est regardé par les historiens comme l'une des « usines » d'extermination du régime nazi. Il ne s'agissait pas d'un camp de concentration : les trains y déversaient des chargements de déportés qui étaient dépouillés de leur effets et entassés dans les chambres à gaz. Les corps étaient ensuite déversés dans d'immenses fosses communes. Les chambres à gaz, qui y tournaient à plein régime, ont causé la mort de près d'un million de Juifs en quatre-cents jours.

Aujourd'hui encore, il m'arrive de penser à maman. On l'a poussée avec mon frère Moniek dans une prétendue salle de douche où elle s'est trouvée livrée à la bousculade et à l'effroi, alors qu'elle essayait encore de protéger son enfant comme elle l'avait fait depuis le départ de Piotrków. Une fois les portes refermées, ce n'est pas de l'eau qui est sortie des canalisations, mais du monoxyde de carbone. En effet, les Allemands, qui s'étaient emparés de chars russes sur le front de l'est, se servaient de leurs moteurs pour tuer les Juifs au moyen du gaz d'échappement. C'est ainsi que fonctionnaient les chambres à gaz à Treblinka, pour l'excellente raison que le CO coûtait moins cher que le Zyklon B. L'agonie des prisonniers, on le sait aujourd'hui, pouvait durer jusqu'à vingt minutes. Elle était observée à travers des lucarnes par les SS. Ma mère, mon frère, une de mes grand-mères, tous mes oncles, tantes et cousins vivant à Piotrków ont connu ce sort et une mort anonyme et bestiale, dont l'évocation me transperce le cœur de chagrin.

Et pour ce qui est de mon autre grand-mère, Haia Kaminska, dont j'étais si proche, qui n'était plus chez nous et que nous ne retrouvions nulle part, la vérité nous a été révélée par un de mes amis d'enfance resté dans le ghetto durant la semaine fatidique. Ce camarade avait assisté à tout depuis la fenêtre d'un galetas où il avait réussi à se planquer. Il m'a dit : « Ta grand-mère, ils l'ont tuée. »

Il m'a raconté ensuite qu'elle avait été victime de la première sélection, celle du 14, quand les Allemands avaient exécuté les invalides « pour insubordination ». Sans être infirme, grand-mère marchait mal. Les SS n'ont pas mis longtemps à s'en rendre compte. Ils l'ont forcée à descendre dans la cour de notre immeuble et là, ils l'ont tuée froidement, d'une balle dans la tête.

Dans le petit ghetto, j'ai vécu quelque temps avec mon père et son plus jeune frère, mon oncle Motek, toujours en continuant d'être soumis au travail obligatoire, non plus à l'usine Phenix, cette fois, mais dans une autre verrerie du nom d'Hortenzja, qui existe toujours et dont j'ai même pu constater, lors de notre voyage en Pologne de 1993, qu'elle tournait encore. En 1943, elle produisait des bouteilles pour les brasseries et pour l'industrie pharmaceutique. Au début, mon rôle consistait à transporter les bouteilles usinées en direction du four. Puis le contremaître m'a mis sur une machine. Ces heures de dur travail et la famine qui régnait le soir dans les maisons privées de lumière composaient une existence misérable pour un jeune garçon. Et ni ma mère ni ma grand-mère n'étaient plus là pour me consoler. L'absence de mon petit frère aussi se faisait sentir : c'était fini de le voir trottiner et s'éveiller au langage, à la vie. C'est alors qu'un grave incident s'est produit un soir dans le petit ghetto. Mon père a interpellé Szymon Warszawski et lui a reproché vivement de n'avoir rien fait pour protéger ma mère et mon frère.

« Tu les as laissés partir ! lui a-t-il lancé. Alors que tu as réussi à cacher toute ta famille ! »

Papa, en fait, estimait que Warszawski, étant donné ses biens, sa fortune et sa position au comité du *Judenrat*, aurait eu la possibilité de protéger maman et le petit Moniek. Warszawski a répondu comme il pouvait aux reproches de mon père, ou peut-être l'a-t-il envoyé promener, je ne sais pas exactement. Ce que je sais, en revanche, c'est qu'il s'est débrouillé pour le faire arrêter peu de temps après leur querelle. Papa s'est retrouvé aux mains de la police juive qui l'a retenu dans une cave. Le lendemain, mon oncle Motek m'a appris qu'il avait réussi à voir papa, brièvement. D'abord, il m'a dit ces simples mots : « Ils l'envoient à Skarżysko. »

Puis il a ajouté :

« Il m'a donné un peu d'argent. Pour que je m'occupe de toi pendant son absence.

— Il va y rester longtemps, à Skarżysko ?

— Il ne savait pas. Je ne sais pas non plus. Personne n'en sait rien. »

Cette ville de Skarżysko se situe à une centaine de kilomètres de Piotrków. Elle comprenait alors une usine d'armement qui avait la réputation d'être un véritable bagne, tant les conditions y étaient dures pour les ouvriers. Ils y étaient soumis à des émanations de soufre, de sorte que leur peau devenait jaune. Depuis l'arrivée des Allemands, des rumeurs disaient aussi qu'à Skarżysko, on testait les armes sur des êtres humains ! J'ignore si c'était la vérité. Et j'ignore si mon père, Abram Bulwa, est mort après avoir servi de cible à des ingénieurs en armement pour qui la personne humaine avait perdu toute valeur. Ce dont je suis sûr, c'est que son existence a pris fin là-bas, tandis que j'étais toujours à Piotrków, dans le petit ghetto, sous la surveillance heureusement bienveillante de son frère, mon oncle Motek.

Le matin, je partais avec lui pour l'usine Hortenzja. Après nos huit heures de travail, c'était le retour. Il fallait alors essayer de trouver à manger et ce n'était pas une petite affaire. Nous souffrions terriblement de la faim car plus rien n'entrait dans la zone qui était devenue le théâtre des trafics les plus minuscules et les plus sordides : une croûte de pain, une chemise, une poignée de pommes de terre. Les nuits étaient infernales car on s'entassait pour dormir à quatorze dans trois pièces. Se trouvait parmi nous un bébé qui pleurait sans cesse, et que sa mère n'arrivait plus à apaiser tant elle était elle-même anxieuse et affamée. Les enfants devaient cohabiter avec des couples – dont celui que Motek formait avec sa compagne – et partager leur vie, leurs scènes d'amour comme leurs querelles.

Et il est toujours étonnant d'observer que les instincts profonds de l'homme continuent de s'exprimer même dans les pires circonstances, que ce soit la quête d'un bref moment de jouissance ou le besoin d'entrer en conflit avec les autres.

Pour les enfants qui avaient échappé à la grande liquidation du ghetto, la situation n'aurait pu être plus éprouvante. Il n'y avait plus personne pour s'occuper d'eux et ils pouvaient compter seulement sur la chance ou sur un geste de charité. Jamais je n'ai entendu pleurer les enfants comme dans le petit ghetto. Ils avaient faim, ils avaient soif, ils étaient sales ; ils réclamaient des soins corporels et des attentions ; et la vie ne faisait que les renvoyer à eux-mêmes, elle les jetait dans une misère toujours plus profonde.

Moi-même, j'étais encore un enfant, même si je faisais tout mon possible pour être à la hauteur, pour avoir l'air d'un adolescent. Après tout, j'avais fait ma bar-mitsvah, j'étais censé être un *Mensch* ! Mais j'étais surtout un gosse dont la famille proche avait disparu : papa, maman, Moïshe, grand-mère Haia et grand-mère Bulwa. Il ne me restait plus que mon oncle Motek. Comment était-ce possible ? J'avais l'impression d'assister à la fin du monde. À chaque minute qui passait, j'essayais de rassembler mon courage, mais pour rassembler son courage, il faut des forces ! Or, je n'étais pas nourri. Je dormais mal à cause du bruit et de la promiscuité. Il n'y avait plus de sanitaires dignes de ce nom et il était devenu impossible d'aller simplement aux toilettes sans endurer une peur de tous les instants. Alors mes forces finissaient par me lâcher. Pas moyen de rester plus longtemps sans pleurer.

Dès lors, pour essayer de remonter la pente, je n'avais plus qu'un seul recours : l'imagination. Je me répétais que c'était un mauvais rêve, que tout allait rentrer dans l'ordre, que papa allait revenir, ainsi que maman et le petit Moïshe. Je me disais que j'allais connaître à nouveau cette vie familiale à laquelle tout être humain a droit – non pas une vie sans problème, dirai-je, mais une vie où les problèmes arrivent à trouver leur solution, surtout quand on a un père débrouillard et généreux. Dans quelle mesure croyais-je encore à ces fictions ? Je serais bien incapable de le dire aujourd'hui. Mais je me cramponnais à elles. Car je n'avais plus rien d'autre.

Vers le 15 novembre, alors que nous partions pour le travail, les gardes nous ont arrêtés à l'entrée du ghetto, Motek et moi, en disant qu'ils voulaient voir mes papiers. Quelqu'un avait dû dénoncer le subterfuge inventé par mon père. En tout cas, les gardes m'ont tout de suite accusé d'avoir triché – ce qui était vrai. Ce n'était pas la bonne date de naissance qui figurait sur mon permis. J'ai protesté, et continué de mentir, mais il était évident que la situation devenait très dangereuse.

Ce qui se passait dans le petit ghetto et aux barrières avec les soldats était d'une sauvagerie indescriptible. Les femmes juives n'étaient plus que des proies. Les brimades à l'encontre des jeunes pouvaient prendre en un rien de temps une tournure fatale. Tous, nous avions vu des gens perdre la vie pour un rien, parce qu'ils n'avaient pas obéi assez vite, ou avaient fait mine de ne pas avoir entendu un ordre, ou enfreint la loi – *leur* loi, une loi qui bien sûr n'en était pas une, et en tout cas ne méritait pas ce nom.

C'est pourquoi je me suis incliné. Je ne suis pas allé à l'usine ce jour-là. Je suis retourné dans le ghetto sous bonne garde, en compagnie de plusieurs jeunes de mon âge que les Allemands avaient interpellés en même temps que moi. Ils nous ont emmenés à la synagogue dont ils avaient confié la garde, selon toute apparence, à des Ukrainiens – ces fameux *Hiwi* qui effrayaient les Juifs encore plus que les Allemands. Ces surveillants nous ont ouvert la porte du bâtiment et l'ont refermée derrière nous. La synagogue était pleine de Juifs, des hommes et des femmes de tous les âges, les victimes de la dernière sélection manifestement.

Bien sûr, comme toujours, ce qui était infligé à ces innocents était tout simplement inhumain. Beaucoup de témoignages ont relaté depuis lors des épisodes tout à fait analogues qui se sont déroulés dans d'autres villes d'Europe centrale, et qui représentaient la première étape d'une procédure partout déployée par les Allemands : les Juifs enfermés dans leur synagogue, obligés d'endurer plusieurs jours durant la faim, la soif et le manque d'hygiène, livrés en outre aux pires humiliations, à des sévices touchant les rabbins, les femmes, les enfants, toute personne qui avait le malheur d'être prise en grippe pour quelque raison.

Cette procédure a été appliquée à Piotrków. Je puis en témoigner car je l'ai vue se dérouler sous mes yeux. Avec mes camarades, nous tentions de nous faire aussi discrets que possible. On cherchait dans les recoins de la schull les endroits susceptibles de nous servir d'abri, de cachette, de refuge. Les gens autour de nous n'arrivaient même plus à s'entraider : nous étions comme des animaux dans une souricière. Je me rappelle les cris, les pleurs, la détresse, l'incompréhension. Les Ukrainiens avaient allumé dehors un brasero autour duquel ils se rassemblaient pour descendre les bouteilles de vodka fournies par les Allemands. De temps en temps, ils entraient et ouvraient le feu sur nous. Ils étaient ivres : ils tiraient pour le plaisir de faire des victimes au hasard.

J'ai vu beaucoup de Juifs tomber sous leurs balles dont les impacts, comme je l'ai dit, sont encore visibles aujourd'hui sur un mur : il suffit d'écarter le rideau qui les recouvre pudiquement. Comme partout ailleurs, il y a eu des viols, des meurtres et des assassinats d'enfants.

J'ai déjà eu l'occasion de raconter, au micro de la Shoah Foundation de Steven Spielberg, la scène à laquelle j'ai dû assister de mes propres yeux : les Ukrainiens sont entrés soudain dans la synagogue en brandissant un nouveau-né dont ils se sont mis en peine d'arracher, sous nos regards, les quatre membres.

Ces horreurs ont duré trois jours – nous n'avions rien à boire, rien à manger, et nous savions que notre peau ne valait déjà plus rien. Nos peurs étaient innombrables et la plus grande de toutes, ce n'était pas de mourir d'une balle tirée à l'aveuglette par un Ukrainien ivre, mais qu'ils décident de mettre le feu à la schull avec nous tous enfermés dedans. Mais ils n'ont pas mis le feu – *Danken Gott*, Dieu merci.

J'ai même eu la surprise d'assister à une scène frappée de quelque humanité, chose absolument rarissime dans ce contexte. Les SS avaient repéré une femme parmi nous. Une belle grande femme. Elle était flanquée de ses deux enfants cramponnés aux pans de son manteau. Je la connaissais car c'était une amie de ma mère. Elle s'appelait *Frau* Kalmann. Je connaissais bien ses fils aussi. Les SS lui ont donné l'ordre de sortir de la schull. Elle a fait mine de s'en aller en prenant ses enfants par la main. Alors ils ont essayé de l'arrêter : « Toi, tu sors. Les garçons restent ici. »

Elle a tenté de forcer le passage en entraînant ses fils mais bien sûr les SS ont réussi à l'empêcher de passer. Elle a dit alors : « Si c'est comme ça, je reste. Je reste auprès de mes enfants. »

Comme elle cherchait un endroit où se rasseoir, l'officier s'est exclamé : « *Du bist eine heldische Frau !* » Tu es une femme héroïque…

Finalement, elle a pu partir avec ses deux fils. Qu'allaient-ils devenir tous les trois ? Il était impossible de le savoir et le pire était partout à craindre, dans la synagogue aussi bien qu'à l'extérieur. Du moins avait-elle réussi à gagner une première manche…

La veille du troisième jour, plusieurs d'entre nous, des hommes et des enfants, ont reçu l'ordre de sortir et de former des rangs. Sous la surveillance des SS, nous sommes partis pour la forêt de Rakow qui n'est pas très loin de la ville. Il faisait froid. Le sol et les arbres étaient couverts de neige. Dans la forêt, sous la menace des mitrailleuses, les SS nous ont distribué des pelles. Il fallait creuser des fosses. Ce travail a duré des heures. Chacun de nous, en soulevant ses pelletées de terre mêlées de neige sale, pensait la même chose : « Ils nous obligent à creuser notre propre tombe. Quand on aura fini, ils vont nous tuer et nous laisser au fond de ces trous creusés par nos propres bras… »

Mais ils ne nous ont pas tués. Il a fallu rentrer à Piotrków et retourner dans la synagogue. Nous étions à bout de force et de peur. Nous n'arrivions pas à parler de ce que les Allemands nous avaient fait faire. Et autour de nous régnait un chaos de plaintes et de cris. Était-ce réel ou était-ce un cauchemar ? Étions-nous tombés dans la géhenne, l'enfer dont le rabbin nous parlait au heder quand nous étions petits ? En tout cas, un compte à rebours avait bel et bien commencé…

Le troisième jour, mes camarades et moi avons eu la surprise d'apercevoir à l'entrée de la synagogue le directeur de la verrerie Hortenzja, un Polonais du nom de Fogel que nous regardions comme un vendu. Ce bourgeois toujours bien mis et bien nourri avait des origines allemandes dont il s'était empressé de faire état dès que les uniformes de la Wehrmacht avaient fleuri dans les rues de Piotrków. Il n'avait pas mal joué sa partie car les nazis lui avaient confié la gestion d'Hortenzja. Ayant promené un regard dans l'assemblée misérable, épouvantée, il m'a montré du doigt. Puis il a pointé l'index sur deux autres garçons. Et il nous a fait sortir en annonçant qu'il avait besoin d'ouvriers. Il avait dit la même chose aux Allemands qui l'avaient laissé entrer dans le petit ghetto pour aller, disait-il, chercher du personnel. Tout à coup, il n'était plus question d'âge et de papiers falsifiés.

Fogel nous a ramenés tous les trois à l'usine. C'était un salaud mais, grâce à lui, un miracle de plus venait de se produire dans cet enfer. Car non seulement nous avons pu sortir de la synagogue, mes deux amis et moi, mais nous devions compter plus tard parmi les survivants de la Shoah ; l'un d'eux s'est établi à Londres après la guerre et l'autre, en Israël.

Oui, on peut vraiment parler de miracle car tous ceux qui sont restés enfermés dans la synagogue devaient être tués le lendemain. C'était la seconde étape de ce même programme dont je parlais plus haut. Les Ukrainiens ont fait sortir tout le monde au petit jour. Les Juifs ont formé des colonnes de cinquante. Et ils sont partis à pied, sous bonne garde, pour la forêt de Rakow où les attendaient les fosses creusées la veille par nous-mêmes. Ces personnes ont reçu l'ordre de se déshabiller, puis elles ont été fusillées à la mitrailleuse, de sorte que leurs cadavres tombent directement dans la fosse.

Toujours cette même procédure barbare de la « Shoah par balles ». J'ai même appris plus tard que l'état-major allemand avait été alerté à un moment par des officiers sur le fait que leurs soldats, les jeunes notamment, n'en pouvaient plus de mitrailler des femmes, des enfants et des personnes âgées au bord des fosses. Ils étaient frappés de dépression. Mais les *Judenaktion* ont continué. La Solution finale était à l'œuvre. Il fallait aller jusqu'au bout.

Dans le cas de Piotrków, la *Judenaktion* a été décrite en détail et de l'intérieur, si je puis dire, par un adolescent qui ne fut que légèrement blessé au cours du mitraillage. Ce garçon a réussi à faire le mort jusqu'à la tombée de la nuit, enfoui sous les corps nus qui saignaient et parfois remuaient, puis il a rampé hors de la fosse. Il a regagné le petit ghetto en se traînant dans la boue. Il a même travaillé par la suite dans une usine de Bugaj. Et il a survécu. Ceux qui ont recueilli le témoignage de ce jeune garçon au lendemain de la guerre ont pu constater que ses cheveux avaient entièrement blanchi.

On peut voir aujourd'hui, dans ce bois de Rakow, un monument à la mémoire des victimes, dressé à l'emplacement où s'est déroulée la boucherie à laquelle nous avons échappé de justesse, mes camarades et moi, pour la simple raison que le directeur de l'usine avait besoin de bras.

*

Nous savions à l'usine Hortenzja qu'une résistance à l'occupant avait commencé de s'organiser dans les milieux socialistes de Piotrków. Des partisans vivaient cachés dans cette même forêt de Rakow. Certains ouvriers juifs de la verrerie, des travailleurs forcés, ont essayé de nouer des contacts avec eux. Étant donné ce qui s'était passé avec la liquidation du ghetto et après, nous vivions dans un climat de mort imminente, alors certains disaient : « Quitte à périr, autant se révolter, autant jouer le tout pour le tout. »

Malheureusement, les résistants polonais n'ont pas voulu d'eux : ils estimaient qu'ils ne pouvaient avoir confiance en ces partisans-là parce que c'étaient des Juifs. Comme je l'ai dit, la séparation, la « fracture » entre les populations, entre les « communautés », dirions-nous aujourd'hui, était profondément ancrée dans les mentalités, et pour l'écrasante majorité des Polonais, le Juif ne pouvait être regardé comme un *vrai* concitoyen. De sorte que nombre d'ouvriers d'Hortenzja ont été poussés au suicide.

« Il vaut mieux en finir tout de suite ! », disaient-il.

J'en ai vu qui tentaient une évasion, un acte vraiment désespéré. Ils jetaient des matelas sur les fils électriques qui passaient sous les fenêtres du bâtiment. Ils pensaient pouvoir rejoindre ainsi les poteaux et se laisser glisser jusqu'à terre à la faveur de la nuit. Mais ces stratagèmes étaient pour eux une façon de se donner la mort car ils savaient parfaitement qu'une fois dehors, les Polonais les tueraient. Et si les Polonais ne les tuaient pas, ils les livreraient aux Allemands qui eux leur régleraient leur compte. Quelle que soit la voie choisie, elle menait toujours à la même issue.

Il ne restait en définitive qu'une seule stratégie valable, celle qui consistait à compter sur la chance. L'idée peut sembler irrationnelle, mais il faut bien admettre que les survivants du génocide ont bénéficié d'un enchaînement de circonstances particulièrement favorables – et j'en suis le parfait exemple.

C'est une erreur de croire que les survivants se sont montrés plus malins, plus intelligents. Ils étaient vigoureux, bien sûr. Ils étaient venus au monde avec une constitution robuste. Mais la vérité, c'est que le sort distribuait les cartes et voilà tout.

Le petit ghetto fut liquidé à son tour à la fin du mois de juillet 1943 et les Allemands purent tendre entre deux maisons une banderole annonçant que le quartier était *judenrein*. Autrement dit : mission accomplie. Selon eux, la zone était *nettoyée*, ou *purifiée* – on traduit comme on veut. Il restait pourtant quelques Juifs dans cet endroit maudit, ceux qui furent « autorisés » à travailler à Bugaj, ainsi que dans les verreries Phenix et Hortenzja – c'était mon cas.

À partir de cette date, le directeur de l'usine nous a fait savoir que l'entreprise possédait sur le site des « appartements ouvriers » et que nous ne retournerions pas dans le petit ghetto : étant donné que le quartier était *judenrein*, les Allemands ne tenaient pas à voir des Juifs continuer d'en fréquenter les rues, même en très petit nombre. Mais il ne pouvait être question non plus de nous loger avec des ouvriers polonais. C'est pourquoi, à l'immeuble d'habitation, ont été adjoints deux baraquements en bois. C'est là que le directeur nous a « installés » – enfermés, en fait.

Chacun des deux baraquements se composait d'une pièce de moins de vingt mètres carrés où nous nous sommes retrouvés à seize personnes, hommes et femmes mélangés, dont mon oncle Motek et sa compagne. C'était à quoi se résumait ma famille désormais. Et nous devions partager cet espace étroit avec trois autres couples. Nous dormions à plusieurs dans des lits à deux étages. En fait, on ne dormait pas. Tous ceux qui ont vécu dans ce baraquement attenant à l'usine Hortenzja étaient traumatisés par ce qu'ils avaient subi, par les scènes d'une bestialité inouïe dont le souvenir les hantait et les poursuivrait à jamais.

Mais l'avenir aussi nous terrorisait. Nous nous savions condamnés à présent. Aucun doute n'était plus possible. Si nous étions encore en vie, c'est seulement parce que l'usine avait besoin de quelques dizaines d'hommes et de femmes à peu près en bonne santé pour y bosser en tant qu'esclaves. Bientôt, aucun de nous ne serait plus apte au travail et, dès lors, tout serait dit. Étant donné le stress quotidien, la peur et les atroces conditions de vie qui nous étaient faites, nous avions atteint un haut degré de déshumanisation. Nous pouvions voir notre dignité s'en aller en lambeaux. Et ce dont mes yeux ont été témoins dans ce misérable baraquement, je préfère le garder pour moi, à défaut de pouvoir l'oublier.

Même les groupes soumis à la terreur se débrouillent pour que leur parviennent des informations venues du monde où les gens sont libres : il y a toujours des fuites, rien n'est jamais vraiment imperméable. Et rien n'était étanche entre les adultes et les enfants.

En fait, il n'y avait plus de différence entre les classes d'âge. Comme j'ai eu souvent l'occasion de le répéter, mon enfance s'est achevée avec la liquidation du ghetto. C'est le cas de tous les jeunes déportés. Ils vous le diront : nous avons grandi et même vieilli très vite, trop vite, pour la simple raison que le nazisme nous a obligés à devenir des adultes en un temps record – voire des adultes à cheveux blancs, comme l'adolescent rescapé de Rakow.

À quinze ans, j'avais le même niveau d'informations que les autres « ouvriers » de l'usine Hortenzja. Et je savais par conséquent que si les Allemands avaient pu se considérer au début de la guerre comme les futurs maîtres du monde, le cours de l'histoire avait changé de direction entre la fin de 1942 et le premier trimestre 1943. L'Allemagne nazie était condamnée depuis sa défaite à Stalingrad, en fait. Et durant l'année 1944, les quelques dizaines de Juifs qui avaient survécu aux *Aktionen* de Piotrków ont commencé à sentir qu'il se passait quelque chose. Nous n'avions pas de radios, évidemment, mais certaines nouvelles arrivaient à filtrer : les Russes progressaient vers l'ouest, tandis que les Américains avaient débarqué en Europe occidentale.

L'approche des Russes : telle est la raison pour laquelle les Allemands ont évacué les usines de verrerie et de confection, ainsi que les menuiseries. Bien entendu, personne ne nous a informés de ce qui se passait. Certains d'entre nous ont reçu l'ordre de se préparer à partir et de quitter le fameux baraquement. Heureusement, mon oncle Motek était du voyage. Et je dois dire qu'il a fait tout son possible pour être à la hauteur de la charge que son frère lui avait confiée.

Des semaines durant, il s'était débrouillé pour me procurer de temps en temps du pain, et même quelquefois un peu de beurre pour manger avec. Motek Bulwa était le dernier être qui me rattachait encore à ma vie passée, à mon enfance, à mon ascendance aussi, et à la période d'avant l'invasion. Il l'avait fort bien compris, et dans une période où s'occuper de soi-même et essayer d'échapper à la mort représentait un combat de chaque seconde, il fallait être une sorte de héros pour veiller en plus sur la vie de quelqu'un d'autre.

Quand a commencé l'évacuation de l'usine Hortenzja, nous savions, parce qu'on nous l'avait raconté, que les Juifs du ghetto avaient quitté la gare de Piotrków dans des wagons à bestiaux, et lorsque les Allemands nous ont dirigés à notre tour vers ce moyen de transport, nous nous sommes dit que notre heure, cette fois, était venue pour de bon. Les Allemands et les Polonais nous avaient traités cruellement quand tout allait très bien pour eux, alors maintenant qu'ils se sentaient menacés...

Un mot s'est mis à circuler : *Treblinka*. Nous commencions à savoir ce qu'il advenait des Juifs arrivés là-bas. Mais Treblinka était au nord, au-delà de Varsovie, et quand le convoi s'est ébranlé, nous avons deviné en regardant par les interstices des cloisons que nous prenions la direction du sud.

Częstochowa, à moins de cent kilomètres au sud de Piotrków, lieu de pèlerinage catholique réputé, a joué en outre un rôle important dans l'histoire de la spiritualité hassidique car elle abritait depuis le XVIIIe siècle une communauté juive développée d'où étaient issus plusieurs mystiques et kabbalistes de renom. Je sais aujourd'hui que la Seconde Guerre mondiale a traité les Juifs de Częstochowa comme ceux de Piotrków : création du *Judenrat* dès septembre 1939, exécutions de masse, liquidations, déportations, assassinats. Le ghetto y a été établi en avril 1941. Le peuple juif y comptait quarante-cinq mille âmes avant la Shoah. Très peu ont survécu. La mémoire de la culture juive y est toutefois honorée depuis 2016 grâce à un musée doté d'une exposition permanente.

Mais Częstochowa, c'était aussi une zone industrielle que les Allemands faisaient tourner grâce au travail obligatoire. Ayant confisqué les usines, ils s'en servaient pour produire des armes et des munitions. Nous y avons été transférés après l'évacuation de la verrerie. Certains ont été envoyés dans ces fabriques de munitions, justement. Mon oncle et moi nous sommes retrouvés en novembre 1944 à la Metallurgia, la fonderie de la rue Krotka. Cette usine était rattachée à un camp immense, contrôlé par les SS, fait de baraquements surpeuplés, comme d'habitude, où beaucoup mouraient de faim, de mauvais traitements ou encore du typhus. Et l'hiver s'annonçait particulièrement rigoureux...

À la Metallurgia, on m'a confié un poste de travail qui m'isolait un peu des autres : la surveillance et l'entretien des outils. Je devais les distribuer le matin aux ouvriers, et les récupérer le soir après le travail. Entre-temps, j'effectuais les réparations nécessaires. J'étais bien sûr obligé de faire très attention car c'était une lourde responsabilité. Il n'était pas question qu'il manque une seule clef, un seul marteau ou le moindre tournevis quand les ouvriers débauchaient pour regagner leurs baraques. J'avais pour chef un Tyrolien sans pitié, un véritable sauvage, un géant que nous appelions le Goural. Il n'hésitait pas à cogner quand il était mécontent. Et j'ai eu à subir plusieurs fois ses déchaînements de violence.

Quant aux conditions de vie, elles étaient encore pires à Częstochowa qu'à Piotrków. Le camp où nous étions prisonniers, appelé tantôt Hasag, tantôt Pelcery, tantôt Apparatebau, est un des pires lieux que la terre ait portés. Fin 1944, à notre arrivée, c'était le plus grand camp de travail de l'Allemagne nazie : dix mille prisonniers juifs s'y entassaient. Il a été décrit par des témoins. Il a nourri les archives et les documentations sur la Shoah. Les Allemands y avaient établi trois sites appelés *Werk* surveillés par des soldats armés de mitrailleuses et secondés par des Ukrainiens. Ils y faisaient fabriquer leurs munitions par des esclaves juifs. Les prisonniers, dont les équipes se relayaient jour et nuit, devaient manipuler la poudre corrosive destinée aux grenades et le TNT qui servait à remplir les mines explosives. Ils voyaient leur peau jaunir – c'était le même phénomène que celui dont on parlait dans l'usine de Skarżysko où mon père était mort ; et comme ils n'avaient aucun moyen de se laver, ces malheureux ne tardaient pas à tomber malade et à mourir.

La journée commençait – si l'on peut dire car ce camp en réalité ne dormait jamais – par l'abominable ersatz de café avec un bout de pain mauvais comme de la sciure. Le seul autre « repas » était celui du soir : un bouillon de rutabagas infect et sans viande, avec une deuxième ration de pain, calibrée naturellement. Au moment de la distribution, il pouvait arriver qu'un garde arrache la casquette d'un prisonnier, verse la louche de soupe dans la casquette et remette sur la tête du prisonnier la casquette pleine de bouillon brûlant. Il pouvait arriver aussi qu'un kapo mécontent renverse toute la soupe par terre ; alors les prisonniers se jetaient sur le sol pour laper leur dîner dans la boue…

Entre ces deux moments, s'écoulaient douze longues heures de travail et de tensions à cause de la faim, de la peur et des innombrables conflits qui émaillent la vie d'un groupe affamé et terrorisé. Un témoin survivant a dit un jour, en parlant des camps, que nous avions enduré durant cette période une faim « incompréhensible ». C'est le bon adjectif. Il arrive un moment où vous ne pensez plus qu'à la faim, et vous y pensez comme à une torture située au-delà de la rationalité : vous avez d'horribles crampes d'estomac et vous savez que ce que vous mangerez le soir, après que vous aurez dû vous mêler à une bousculade indigne pour avoir droit à quelque chose, ne fera qu'ajouter à la douleur, à la frustration et au désespoir. Et la question qui vous obsède tient en un seul mot : *pourquoi*. Pourquoi vous faut-il vivre ça ?

Il faut noter qu'il y avait encore à l'usine des ouvriers polonais. Ce n'étaient pas des prisonniers mais des travailleurs du coin. Le soir, ils rentraient à la maison à

Częstochowa tandis que nous, nous devions regagner le camp et nos baraques infâmes. Leurs femmes leur préparaient des gamelles qu'ils tiraient du sac à midi. Et ils mangeaient sous nos yeux, en discutant entre eux. Ils voyaient bien que nous les regardions de nos yeux affamés, que nous n'avions plus que la peau sur les os. Mais les relations entre les Polonais de Częstochowa et les Juifs étaient les mêmes qu'ailleurs. Jamais ces ouvriers ne nous ont consenti l'aumône d'une parcelle de leur déjeuner.

L'autre fléau que nous ramenions du camp, c'étaient les poux. Eux avaient de quoi se nourrir ! Cette vermine ne manquait de rien. Les bestioles trouvaient sans problème de quoi s'empiffrer en se baladant sur nos corps squelettiques, épuisés, jamais lavés. Nous étions sans cesse en train de nous gratter. Notre peau était écorchée jusqu'au sang. Et il n'y avait rien, absolument rien à faire contre ça.

Dans la vie normale de tous les jours, des bobos corporels viennent quelquefois nous contrarier : une petite blessure, une toux, un furoncle, un peu de fièvre. Quand vous êtes esclaves, ces incidents bénins vous harcèlent sans arrêt ; et comme ils modifient vos réactions, ils peuvent vous pousser à commettre le faux pas qui vous conduira à la mort. Combien ont péri pour un rien ! Combien ont payé de leur vie un instant de faiblesse…

Toujours grâce à la chance, sans doute, j'ai réussi à tenir à Częstochowa jusqu'en janvier 1945. Mes seize ans étaient arrivés en décembre. Mon oncle Motek savait mon âge mais j'ignore s'il connaissait ma date de naissance. Il n'en a pas été question, bien sûr. Nous n'étions plus que des ombres. Toutes nos facultés se tournaient vers la survie. Je n'en ai même pas parlé aux camarades de mon âge avec lesquels j'entretenais dans la mesure du possible des relations d'entraide et de fraternité.

Le bilan de ma jeune vie était assez vite fait. J'avais vécu dix ans au sein d'une famille aimante, une famille qui avait l'espoir de prospérer, d'offrir à ses descendants un avenir meilleur et de vivre, peut-être, dans un monde tourné vers la paix et le progrès social – selon le rêve d'Abram Bulwa, mon père. Puis la guerre était arrivée subitement. Notre quartier était devenu un ghetto. Et ce ghetto avait été *liquidé*. Mon père n'était plus. Ma mère n'était plus. Mon jeune frère Moïshe avait péri, ainsi que mes grand-mères.

Le seul lien qui me rattachait encore à la lignée Bulwa, c'était mon oncle, un homme accablé, épuisé. 1945 serait l'année de mes dix-sept ans, celle qui dans une vie normale marque la fin des études secondaires. Sauf que les études secondaires m'avaient été refusées. Et que j'avais passé tout ce temps à pleurer des disparitions, à fuir la mort violente et à tâcher de survivre.

En fait, lorsque les Allemands ont évacué le camp de Częstochowa et l'usine Metallurgica, j'étais déjà un *survivant*.

2
Le Bois de hêtres

En janvier 1945, alors que nous tremblions de froid au cœur d'un hiver très dur, mon oncle m'a dit au baraquement que les Russes avaient attaqué l'Allemagne. Il n'avait pas trop de détails mais je sais maintenant qu'il parlait de la célèbre campagne Vistule-Oder lancée par l'Armée rouge avec l'objectif de progresser vers l'ouest jusqu'à atteindre, si possible, Berlin. La ville de Częstochowa et son environnement industriel – la fabrication des armes en particulier – étaient paraît-il regardés par les officiers soviétiques comme une étape dans cette opération conçue pour prendre du terrain aux Allemands. Et nous avons senti en effet que ces derniers redoutaient l'avancée des Soviétiques. Militairement bien sûr, mais psychologiquement aussi : les soldats de la Wehrmacht s'étaient mis à avoir peur et nous avions cette peur sous les yeux. D'après ce qui filtrait de leurs conversations, ils pensaient que les *Russen* les surpasseraient en cruauté. Pour ceux qui sont revenus des camps et ont pu se construire après la guerre une vie à peu près normale dans un pays libre, il y a là une source de méditation infinie sur la concurrence du mal : dans mon souvenir, elle joue un rôle aussi important que la volonté de domination politique.

Quoi qu'il en soit, ces *Russen*, en dépit de ce qu'ils faisaient aux Juifs depuis toujours, étaient devenus nos alliés. Ils incarnaient soudain un espoir fou. Peut-être allaient-ils contribuer à notre délivrance…

Mais pour la délivrance, il faudrait attendre encore car cette période qui ouvre l'année 1945 s'est inscrite dans l'histoire de la Shoah comme celle des marches de la mort. Les nazis, c'était clair, avaient bel et bien senti le vent tourner, et s'ils se préparaient à devoir essuyer des revers, ils craignaient de laisser derrière eux des traces de leurs atrocités. Du coup, ils n'ont commencé d'évacuer les camps que pour ouvrir à leurs victimes la porte d'un nouvel enfer. Tous les récits concordent : les prisonniers furent regroupés, poussés sur les routes et conduits à marche forcée vers des destinations inconnues. Ceux qui ne pouvaient plus avancer étaient abattus au bord du chemin. Nombre de Juifs qui avaient réussi à survivre à la détention ont péri cet hiver-là d'une défaillance fatale, alors même qu'une minuscule lueur d'espérance s'était mise à briller.

Nous, nous n'avons pas été jetés sur les routes quand les nazis ont pris la décision d'évacuer le camp de Częstochowa. Nous avons reçu l'ordre de former des groupes et nous sommes partis sous la surveillance des soldats. Le groupe auquel j'appartenais s'est dirigé vers la gare et nous avons dû embarquer pour la seconde fois dans des wagons à bestiaux. Des inscriptions tracées au pochoir indiquaient qu'ils étaient conçus pour accueillir « 8 chevaux » ou « 40 hommes ». On s'y est entassé à cent, cent dix, cent vingt peut-être par wagon. Le froid était glacial. Nos bourreaux gueulaient et nous menaçaient de leurs fusils. Et nous étions tous des hommes : aucune femme n'est montée dans ce convoi. Mon oncle était toujours là, son sac sur l'épaule. J'essayais de repérer sa silhouette dans la bousculade, et lui essayait de ne pas me lâcher du regard. Il devait penser à la promesse faite à mon père. Il n'avait pas renoncé à me protéger lors de ce nouveau transport dont personne ne savait où il devait nous conduire – dans un autre camp, pensions-nous ou, plus vraisemblablement, à une mort violente. Et soudain oncle Motek est sorti de mon champ de vision. Je l'ai appelé en vain. On embarquait. C'était la pagaille. J'ai pensé : « Il a dû monter dans un autre wagon. »

Bien sûr, aucune nourriture, aucune boisson n'étaient prévues lors de ce voyage. Plus nous étions nombreux à mourir en route, et plus les Allemands se rapprochaient de leur objectif délirant. Pour pouvoir s'humecter les lèvres, il fallait arriver à passer le bras par la petite lucarne du wagon et attraper la neige qui collait aux parois. Mais on devait presque se battre pour s'approcher de cette ouverture car nous n'avions pas la place de nous mouvoir. Certains acceptaient parfois d'aider les plus petits à se hisser jusque-là et à y rester un très bref instant, mais c'était rare. L'odeur était irrespirable car un tonneau posé au milieu du wagon servait de latrine à l'air libre.

Parfois, le train s'arrêtait. Dehors, on hurlait des ordres. Nous comprenions alors que nous étions en stationnement à hauteur d'un camp. Des palabres commençaient entre les Allemands. Le camp était plein, impossible de nous faire débarquer. Le train repartait, quelquefois en marche arrière. Nous échangions des regards affolés, chargés d'incompréhension et de douleur, tandis que nous parvenait le bruit des bombardements de l'armée soviétique ; et ce bruit nous était une source d'angoisse autant que d'espoir car nous redoutions de périr sous les bombes.

Lors du parcours, nous n'avons pas été battus. Les soldats n'ont pas ouvert le feu sur nous. Mais descendre du train lors des arrêts était impossible. Tenter une évasion aurait été une folie. Autrement dit, quand l'un d'entre nous mourait, c'était de faim ou d'épuisement. Ou c'était parce qu'il était tombé malade et que personne ne pouvait le soigner, ni même le soulager. Après qu'il avait expiré, on se débrouillait pour pousser à plusieurs le cadavre vers le fond du wagon où d'autres cadavres l'attendaient, déjà entassés les uns sur les autres. Qu'allait-il advenir de ces corps ? Ce que nous savions, c'est qu'ils n'auraient pas de sépulture. Leurs noms ne seraient gravés nulle part. Même le kaddish était mort.

Après quatre jours de ce voyage terrifiant, marqué par le froid, les crampes, la faim, la soif et l'anxiété, le convoi avait parcouru près de sept cents kilomètres vers l'ouest. À l'arrivée, nous étions en Allemagne. Et dans le wagon, nous n'étions plus cent mais cinquante – la moitié des prisonniers embarqués à Częstochowa avaient péri en route.

Et c'était bien un nouveau camp qui nous attendait. Caché sur une colline au cœur d'un bois de hêtres – c'est le sens du mot *Buchenwald* –, il était desservi par la voie de chemin de fer. Les portes des wagons se sont ouvertes sur un paysage éblouissant de neige, et l'effort pour atterrir sur la rampe sans rien se casser a mis à l'épreuve nos membres gelés, fragiles, douloureux. Les soldats qui surveillaient l'opération tenaient leurs chiens en laisse. Nous nous sommes dirigés vers le camp proprement dit en suivant un chemin neigeux, glissant. Nous avons découvert une installation grande comme une ville : des dizaines de bâtiments en bois ou en dur s'alignaient dans un vaste espace dominé par des tours de guet, fermé par des enceintes de barrières électrifiées. Surmontant la porte d'entrée, une mention incongrue annonçait en lettres de fer : « *Jedem das Seine.* » Traduire : « À chacun son dû. » Nous n'avons pas eu le temps de méditer la question de savoir si nous avions, en pénétrant ici, ce que nous méritions.

Tous ceux qui avaient quitté ce convoi en laissant dans les wagons les cadavres de leurs camarades se sont retrouvés parqués dans une cour où il a fallu patienter durant un temps très long, debout dans la neige, vêtus seulement de nos habits en loques. Le froid était intense – probablement autour des vingt degrés au-dessous de zéro. Une odeur inquiétante, bizarre, flottait dans l'air.

L'étape suivante s'est déroulée dans une salle immense, non chauffée, meublée de bancs, où nous avons reçu l'ordre de nous déshabiller entièrement. La nudité est un thème qui revient sans cesse dans les récits de la Shoah. Pour les nazis, elle signifiait l'humiliation. Il est arrivé qu'Hitler lui-même ordonne personnellement que tel opposant soit non seulement pendu mais pendu *nu*, afin que la douleur de l'exécution s'accompagne d'un avilissement. Donc, après avoir soigneusement plié nos pauvres haillons afin de pouvoir les récupérer ensuite, selon les consignes des gardes, nous avons posé nos fesses décharnées sur les bancs, à tour de rôle, pour que les coiffeurs nous rasent la tête et le reste du corps. Comme nous étions tous dévorés par la vermine, nous avions la peau à vif et les tondeuses passant sur les plaies nous furent un supplice.

Le but de l'opération était justement de nous débarrasser de nos poux et les bassins nous attendaient : des cuves contenant des litres et des litres de désinfectant. On entrait dedans chacun son tour. C'était atroce : les innombrables écorchures se réveillaient comme dans un bain d'acide. À ce moment-là, alors que vous pensiez défaillir de douleur, un soldat allemand vous appuyait sur la tête pour vous forcer à une immersion complète.

En nous dirigeant vers cette salle dédiée à la désinfection, nous avions aperçu, près du bâtiment, des fours crématoires. Nous savions maintenant l'origine de cette odeur qui empestait le camp. C'était la puanteur caractéristique dont parlent tous les déportés. Plus de deux ans s'étaient écoulés depuis l'évacuation définitive des ghettos et aucun d'entre nous n'ignorait comment finissaient les Juifs dans l'Allemagne nazie et dans les pays envahis par elle : l'élimination par balle, par le travail forcé ou par le gaz asphyxiant. Nous avions entendu parler des sinistres *kommandos* chargés de mettre les morts à la crémation. Si bien qu'une vague d'angoisse s'est emparée de nous quand le mot *Dusche* – « douche » – a résonné entre les murs et qu'on nous a dirigés, toujours nus, vers une autre grande salle.

Pourquoi avoir soumis les arrivants à la désinfection si c'était pour les assassiner juste après ? La question circulait déjà sans que personne en attende une réponse rationnelle car depuis 1939, c'est-à-dire depuis six ans, notre vie était devenue une succession d'absurdités. Nous étions victimes non seulement d'une cruauté sans limite mais d'une logique dont les fondements nous échappaient – et qui était peut-être illogique. De sorte que notre sentiment était celui-ci :

« Peu importe le déroulement des choses, les risques sont désormais très élevés que nous ayons atteint la toute dernière étape. »

Mais ce ne fut pas la dernière étape. C'était bien une *Dusche* qui nous était promise. Laquelle s'est limitée à un filet d'eau froide qui n'a pas duré plus d'une minute. Une aberration de plus. Une nouvelle manifestation d'un sadisme devenu machinal pour les nazis. Les gardes nous ont presque tout de suite gueulé l'ordre de former des rangs. Chaque rang a eu droit à une seule serviette – un léger torchon, en fait, tout juste bon à essuyer la vaisselle. Quand le premier détenu s'était essuyé, la serviette était trempée ; et c'est un *shmattès* plein de flotte qu'il faisait passer au suivant.

Après l'ersatz de douche, il a fallu se diriger vers un couloir en s'arrêtant l'un après l'autre devant un garde dont le rôle consistait à inspecter si nous n'avions rien de caché dans l'anus. Une fois parvenus dans le couloir, nous étions dirigés vers un *block* qui apparemment tenait lieu de lingerie.

Là s'est effectuée une distribution de vêtements – ce qui était contradictoire avec les consignes qui nous avaient été données avant la désinfection. Les effets et les menus biens avec lesquels nous étions arrivés, nous ne devions plus les revoir, et j'ai compris que je pouvais faire mon deuil de la jolie montre rectangulaire, argentée, à bracelet de cuir, dont mes parents m'avaient fait cadeau le jour où j'étais devenu *bar mitsvah*.

Ce mot, « block », allait devenir un élément déterminant de notre existence car beaucoup de choses dépendaient de celui où nous nous retrouvions. Nous ne tarderions plus à apprendre que Buchenwald se divisait en « blocks » numérotés, et se composait en fait de plusieurs secteurs : le camp proprement dit et le « petit camp », un camp à l'intérieur du camp, fait de baraquements en bois et de tentes.

À la périphérie, à la lisière des forêts, nous pourrions apercevoir la zone réservée à la Kommandantur, celles des officiers SS, les casernes des soldats et deux sites accueillant des usines d'armement, l'une appelée Daw – pour *Deutsche Ausrüstungswerke* – et l'autre Gustloff.

La zone des SS était un endroit surprenant où se trouvaient non seulement des bâtiments administratifs mais aussi les villas des officiers, celle du commandant, ainsi que des serres, des parcs, des manèges, une ferme et un chalet qui servait de bordel.

Mais, pour le moment, nous ne savions rien de tout cela. Regroupés dans la *lingerie*, nous attendions la distribution des vêtements. J'ai reçu une chemise, un pantalon, une veste et une paire de godasses immenses, qui baillaient et avaient perdu leurs lacets. Ainsi qu'une aiguille et du fil car chacun avait reçu l'ordre de coudre sur sa veste un triangle rouge marqué d'un P pour *Polnisch* – « polonais ».

On me demande parfois pourquoi nous n'avons pas reçu un triangle jaune, le triangle des Juifs. C'est que nous étions à Buchenwald dans un camp *politique* et que le système de marquage prévoyait dans ce cas la couleur rouge. Pour les Allemands, nous étions des prisonniers politiques polonais puisque nous étions dans un camp de prisonniers politiques…

Quoi qu'il en soit, mon triangle portait un numéro : 116.536. Je dois dire que c'est un moment décisif, dans une existence, que d'être identifié par un numéro à six chiffres. Jusqu'ici, je m'étais contenté d'être Aron Bulwa. Ce nom, ce prénom m'avaient été donnés par mes parents, Abram et Ester, qui, comme tous les parents du monde, avaient mis dans ce choix une intention rattachée peut-être à leur propre ascendance, à des souvenirs teintés de sentiments favorables, en tout cas au désir de faire de moi un *Mensch*, un homme. Le 20 janvier 1945, Aron Bulwa s'est élevé à une nouvelle forme de dignité, la dignité numérique. 116.536…

J'ai enfilé la chemise et le pantalon. Puis j'ai cousu l'insigne sur la veste. Ce travail achevé, quand je me suis relevé pour enfiler la veste, je me suis aperçu que si les godasses étaient bien trop grandes, c'était la même chose pour le pantalon ! Mes jambes squelettiques flottaient dedans. Et je n'avais pas de ceinture pour le faire tenir.

Nous avons été transférés rapidement au block 52 où les nouveaux arrivants étaient mis en quarantaine. Il nous a sauté aux yeux que ce block 52 était un vrai mouroir. Il se trouvait dans le petit camp – un secteur où survivaient tout de même huit mille prisonniers, où l'on entendait parler toutes les langues et d'où l'on pouvait apercevoir le matin les prostituées du chalet faire leurs exercices de gymnastique, sûrement en vertu d'un principe que les Allemands prisaient beaucoup : *Ein gesunder Geist in einem gesunden Körper* – un esprit sain dans un corps sain.

Le block 52 était une longue baraque en bois où il fallait s'entasser sur trois niveaux de « couchettes » – de simples planches. Impossible de s'allonger sur le dos : on dormait à quatorze, tête-bêche, sur le flanc, et si l'un de nous bougeait, tout le monde devait bouger. Certains toussaient : ils étaient malades. Ils nous empêchaient de dormir. Ce qui créait des tensions dangereuses. De toute façon, la vie dans ce block était littéralement impossible. Certes, les nazis nous avaient débarrassés de nos poux, mais la promiscuité était trop forte : nous étouffions, les uns sur les autres, comme nous avions étouffé dans les wagons atroces partis de Częstochowa. Quant à l'hygiène, c'était une horreur.

Et j'étais sans nouvelles de mon oncle depuis le départ de Częstochowa. Je ne l'avais pas vu monter dans le train mais c'était probablement le cas. Cependant était-il arrivé jusqu'ici ? La moitié des prisonniers étaient morts au cours du voyage ; or Motek semblait à bout de forces quand nous nous étions mis en route.

*

Dès mon arrivée au block 52, ce pantalon qui ne voulait pas tenir sur mes hanches trop maigres a commencé à me faire vivre des heures terribles. Et comme les objets les plus insignifiants – un bouton, un bout de fil, une aiguille même – suscitaient un troc incessant qui finissait parfois en bagarre, il me fut impossible de me procurer les cinquante centimètres de ficelle qui auraient pu faire office de ceinture. J'aurais dû, pour me l'« acheter », sacrifier deux journées de pain – ce bout de terre glaise qui nous était distribué le matin avec l'ersatz de café. C'était le tarif. Or je ne pouvais me permettre de rester deux jours sans grignoter mon tout petit bout de pain.

Personne n'aurait partagé le sien avec moi. Chacun se cramponnait à ce qu'il avait car nos jours étaient comptés, ce que nous avions facilement deviné. Et en pareille circonstance, lorsque vous n'avez pas le courage de vous suicider pour en finir plus vite, la seule option consiste à garder les yeux fixés sur un seul objectif : sauver sa propre peau, et sur une infime lueur d'espoir qui avait justement la forme d'une miette de pain, d'un morceau de légume, d'un vague filament de rutabaga flottant dans un liquide infect.

Ma chance fut de me lier d'amitié avec Élie Buzyn, dit Lolek, qui est arrivé à Buchenwald deux jours après moi. Nous ne nous sommes pas dit que nous allions devenir amis : nous l'avons été au premier regard, comme il arrive « dans la vraie vie » entre deux adolescents qui se croisent au gré d'une circonstance douloureuse. Nous avons su tout de suite que nous allions essayer de nous serrer les coudes. Puis, en discutant, nous nous sommes aperçus que nous étions quasiment du même âge et que nous avions traversé une expérience analogue, celle du jeune Juif polonais à l'arrivée des nazis.

Lolek était originaire de Łodz. Il venait d'une famille aisée, cultivée et pratiquante. Il avait même un grand-père talmudiste – lequel était parti pour Treblinka avec sa femme, et il ne fait aucun doute qu'ils étaient déjà morts tous les deux en ce mois de janvier 1945. Le père de Lolek était dans le tissu industriel et sa mère défendait la cause sioniste. En 1940, les Allemands, lors d'un massacre, avaient abattu sous ses yeux son frère de vingt-deux ans.

Lolek avait connu ensuite, comme moi, l'effroyable misère du ghetto et le travail forcé. Le ghetto de Łodz – qu'avaient fui la sœur de maman, son mari et ses trois enfants – n'avait rien à envier à celui de Piotrków. Mais ce n'était rien à côté d'une autre misère plus effroyable encore : le camp d'Auschwitz où Lolek avait été envoyé avec ses parents et sa sœur. Ce nom, Auschwitz, était connu de nous, comme l'était Treblinka aussi.

« Dès la sélection, m'a raconté Lolek, mes parents sont allés dans la file des chambres à gaz. Ma sœur est partie pour un autre camp : Bergen-Belsen. Et moi, ils m'ont mis à Babitz. C'est une ferme près d'Auschwitz. Une annexe. Ils m'ont fait travailler. »

Il a retroussé sa manche et j'ai eu un frisson d'effroi en découvrant que son numéro, les nazis le lui avaient tatoué sur la peau !

Continuant son récit, il m'a dit que, voilà quelques jours encore, il était certain de finir comme les autres dans la chambre à gaz. Et soudain tout s'était précipité. C'était la semaine précédente, le 18 janvier exactement.

Les prisonniers avaient vu des avions survoler le camp et de nouvelles rumeurs s'étaient répandues sur un débarquement des Alliés. En face, disaient aussi les rumeurs, les Russes progressaient. Effrayés, les Allemands avaient décidé subitement d'évacuer Auschwitz.

« Ils nous ont annoncé sur la place d'appel qu'on allait être envoyés en Allemagne. On a rassemblé nos affaires… Enfin, si on peut appeler ça des affaires… »

Lolek a continué en disant qu'ils avaient marché pendant des kilomètres, même la nuit, en bouffant de la neige. Ils avaient fini par atteindre Wroclaw où ils étaient montés dans des wagons sans toit – des wagons *sans toit* par un froid polaire ! Le convoi s'était arrêté à Weimar et là, les bombardements avaient commencé…

« Vous avez entendu les avions bombarder Weimar ? m'a demandé Lolek.

— Oui, ai-je répondu. On les a entendus.

— On a bien cru qu'on allait finir sous les bombardements des Alliés ! », a dit Lolek.

Je lui ai raconté mon parcours et comme nous comparions nos situations, il a vu que j'étais obligé de tenir mon froc avec mes mains, ce qui me mettait dans une position extrêmement dangereuse, en particulier au moment des appels, quand il fallait respecter une immobilité absolue alors que les SS prononçaient nos numéros dans l'air glacial. C'était une opération interminable car en cas d'erreur, ou d'incident, ils recommençaient tout depuis le début – et des erreurs, des incidents, il pouvait y en avoir beaucoup à cause de l'épuisement, des hommes qui ne comprenaient pas l'allemand, de ceux qui étaient morts, de ceux qui mouraient sur place en tombant brusquement parce que leur cœur venait de lâcher… C'était une circonstance au cours de laquelle vous pouviez perdre la vie pour un simple geste, un simple faux pas, une seconde d'inattention – ils vous collaient une balle dans la tête et adieu…

Élie m'a dit qu'il avait eu la chance de toucher un caleçon en plus de la veste rayée et du pantalon. Brusquement, il a soulevé sa veste : « Regarde. »

Il avait touché aussi deux ceintures ! Comme il avait pitié de moi, et que nous étions déjà comme des frères, tant nos expériences étaient communes, il m'a dit : « Prends-en une. »

Quand je lui ai demandé ce qu'il exigeait en échange, il a répondu : « Rien du tout. »

C'était une belle ceinture de cuir que fermait une boucle Art déco. Elle avait dû appartenir à un Juif aisé. Elle m'a sauvé la vie. Élie, ce jour-là, m'a fait cadeau de la vie sauve. Il m'a donné sa deuxième ceinture gratuitement, sans autre intention que celle de m'aider, alors qu'elle aurait pu lui rapporter des rations de pain supplémentaires. La ceinture est toujours là, chez moi, dans ma penderie, soixante-quinze ans après !

C'est dans ce block 52 que nous avons commencé d'apprendre le fonctionnement du camp. Le camp et le petit camp étaient dirigés par des SS, mais ils contrôlaient tout de l'extérieur. Ils n'entraient que pour l'appel du matin et celui du soir, ou pour rétablir l'ordre en cas de problème – en fait, pour faire de la répression et tuer des gens par balle ou pendaison.

La vie des blocks au jour le jour était placée sous la direction de prisonniers choisis par les Allemands et qui, du coup, étaient tenus pour responsables du bon déroulement des choses. Cette situation n'était pas sans rappeler le principe du *Judenrat :* les nazis faisaient exécuter leurs ordres par des Juifs, créant dans le plus bas niveau de l'échelle sociale des tensions abominables dont les bourreaux n'avaient plus qu'à tirer parti.

Mais Buchenwald n'emprisonnait pas principalement des Juifs en vue de leur extermination. Sa population se composait surtout, au début, de « droits communs », de « politiques » ainsi que de malades mentaux et d'enfants. Prévu au départ pour écarter de la société huit mille personnes indésirables, le camp devait en contenir peut-être trente ou quarante mille en ce début de l'année 1945, venus non seulement d'Allemagne, mais de tous les pays que la Wehrmacht avait placés sous sa botte. De sorte que les politiques y étaient légion : c'étaient presque toujours des hommes qui s'étaient opposés au nazisme dans leur pays. Beaucoup étaient communistes, ou sympathisants communistes, mais pas tous. Figuraient parmi eux quelques personnalités importantes, comme le Français Léon Blum que les Allemands détenaient à l'écart du camp.

Et si le camp, avant la guerre, avait été administré par les « droits communs », c'étaient maintenant les « politiques » qui y avaient pris le pouvoir, et jouaient un rôle considérable dans son organisation. Une résistance interne s'était mise en place, invisible mais prête à frapper les SS si l'occasion se présentait de fomenter une insurrection, et si l'ordre en était donné.

Nous avons fait connaissance au block 52 avec un Allemand du nom de Gustav Schiller, un Juif communiste justement. Son arrestation par les nazis datait d'avant la guerre. Il avait maintenant presque quarante ans et il était du block 66. Il était même le bras droit du chef de block, un certain Iakov Goftman, un ancien artiste de cirque célèbre à Moscou, une forte personnalité.

Iakov avait décidé de nous protéger et nous ne tarderions pas à l'appeler affectueusement *Dziadzia Iasha,* autrement dit : « grand-père Iasha ». Il avait envoyé

Gustav voir ce qui se passait au block 52 et Gustav était venu nous parler. S'exprimant en yiddish, il a tout de suite cherché à savoir s'il y avait, parmi les prisonniers arrivés avec notre convoi, des Juifs qui s'étaient *mal conduits* avec d'autres Juifs. Il faisait allusion aux membres des *Judenrat* ou des polices juives qui étaient susceptibles de s'être montrés trop zélés dans la collaboration avec les nazis.

Plusieurs noms ont été prononcés, dont celui de Szymon Warszawski, l'homme qui avait présidé le *Judenrat* de Piotrków, le propriétaire de l'immeuble de la rue Szewska où j'avais grandi dans ma famille, le salaud qui avait fait arrêter mon père et s'était rendu responsable de sa mort. J'ignorais qu'il avait fait le voyage de Buchenwald, et encore plus par quel enchaînement de circonstances il avait fini par devenir la proie des nazis, après avoir été leur collaborateur.

Quoi qu'il en soit, Gustav n'a pas manqué de prendre bonne note des noms entendus ce jour-là. Et il s'est chargé lui-même de l'exécution des traîtres. On a dit que Warszawski n'était jamais arrivé à Buchenwald, qu'il avait été éliminé pendant le voyage. C'est possible. Il était connu et détesté. Mais s'il n'a pas été tué lors du transport, s'il est bien arrivé sain et sauf à Buchenwald, il n'y aura pas vécu longtemps, et ce ne sont pas les nazis directement qui l'ont mis à mort…

Gustav Schiller, quand il a vu l'état dans lequel nous avaient mis le voyage et les privations, a compris que nous étions condamnés à court terme si rien n'était fait pour nous. La quarantaine à laquelle étaient soumis les nouveaux arrivants était fixée à trois semaines. Sauf que l'espérance de vie, au block 52, ne dépassait pas quelques jours.

Gustav, de retour dans son block, a fait part de ses inquiétudes à Iakov. Et les communistes se sont débrouillés pour que les enfants du block 52 soient sortis du petit camp sans attendre la fin de la quarantaine.

En gros, la résistance intérieure du camp et les communistes du block 66 ont pris la décision de nous sauver, nous les enfants descendus des derniers trains. Ils voulaient dur comme fer que nous soyons épargnés, afin que nous puissions témoigner un jour de ce que nous avions vu dans les ghettos et dans les camps. Résultat, notre séjour au block 52 n'a duré qu'une semaine. Certains d'entre nous ont été transférés au block 66, et les autres – dont moi – au block 8 où les conditions de vie étaient un peu moins mauvaises, surtout question hygiène.

Gustav, « Dziadzia Iasha » et leurs camarades, en plus de vouloir nous sauver la vie, y venaient pour discuter avec nous en yiddish. Ils s'efforçaient de nous apprivoiser car beaucoup d'entre nous étaient devenus des « enfants sauvages ». Ils essayaient de nous rééduquer, tout en nous inculquant leurs idées bolchéviques.

Ce block 8 abritait des Russes et des Ukrainiens, des prisonniers de guerre des armées d'URSS dont certains étaient enfermés à Buchenwald de longue date. Plusieurs de ces hommes, nos nouveaux amis, travaillaient aux cuisines, autrement dit en un point stratégique du camp. Ils arrivaient même à détourner de la nourriture, si bien que des petits rabiots, grâce à eux, nous parvenaient de temps en temps.

Ils nous ont expliqué que le block 8, notre block, accueillait des mineurs depuis 1943, époque à laquelle Buchenwald avait dû gérer des arrivées massives de prisonniers russes, dont de jeunes adolescents en assez grand nombre. La résistance avait craint alors de voir les enfants répartis dans les baraques au petit bonheur la chance, mis en contact avec des criminels parfois pervers et livrés aux exactions des SS. En effet, les Allemands n'avaient rien prévu pour faire face à ce problème des arrivées massives d'enfants, et n'estimaient même pas que c'en était un.

Cette réalité, du reste, m'avait frappé à notre arrivée : la moyenne d'âge des prisonniers de Buchenwald était très basse. Les historiens ont établi par la suite que la moitié d'entre eux avaient moins de vingt ans. Avec mes camarades, nous l'avions constaté de nos yeux.

Dans les ghettos, les Allemands avaient sélectionné les jeunes qu'ils regardaient comme aptes au travail ; et c'étaient eux, ces jeunes, qui se retrouvaient maintenant à Buchenwald. Plus les petits qui avaient été raflés avec leurs parents, comme mon ami David Perlmutter, par exemple, qui était arrivé avec son père, ou comme le célèbre Juschu, de son vrai nom Stefan-Jerzy Zweig, le futur héros d'un livre sur Buchenwald, qui était né en 1941 à Cracovie – et avait donc quatre ans… Son père, Zacharias, l'avait caché dans son sac à dos. Le bambin avait été pris en charge par la résistance intérieure – non sans mal car Zacharias refusait de se séparer de son fils – et finalement tiré d'affaire.

Bref, ce block 8, commandé à distance par les communistes russes du block 66, a continué d'offrir aux enfants de Buchenwald une chance de survie inespérée. Car la vie au block 8 se révéla subitement un peu moins dure. Nous n'avions pas de kapo mais un chef de block du nom de Wilhelm Hammann.

C'était un Allemand que l'on peut qualifier d'assez bienveillant, si tant est qu'il soit possible à un prisonnier de l'être dans un camp nazi. Il avait une certaine stature, physiquement et psychologiquement, car c'était un ancien parlementaire communiste – deux qualités qu'Hitler n'appréciait pas beaucoup. Il avait le droit de recevoir tous les six mois la visite de sa femme. Il figure aujourd'hui parmi les Justes du mémorial à Yad Vashem. Son prédécesseur au block 8 avait été expédié au *bunker* sous l'accusation d'avoir porté secours aux enfants et lui, Wilhelm, faisait la même chose : il essayait de nous aider.

Ce que nous appelions *bunker*, c'était la prison, des cachots situés près du block 3. Car Buchenwald avait beau être en soi une prison, elle n'en comprenait pas moins ses propres cachots. Dans l'univers concentrationnaire, il y a toujours pire.

On dormait dans des « lits » de trois étages – de simples planches. Le baraquement comprenait un poêle, des lavabos et une grande table autour de laquelle nous restions parfois assis pendant des heures, à discuter, à nous désespérer, à nous plaindre de la faim, mais aussi à tenter de nous réconforter mutuellement quand nous trouvions tout au fond de nous-mêmes une parcelle de courage. Mais, quel que fût le sujet de nos échanges, nous nous exprimions en chuchotant, tant nous avions peur des Ukrainiens qui avaient une horreur viscérale des Juifs et de leur langue.

Un jour sont arrivés de jeunes Hongrois. Ils étaient affamés. Tout le monde l'était mais eux n'étaient pas encore habitués aux vertiges, au manque et aux douloureuses crampes d'estomac. Ils se relevaient en pleine nuit, croyant que c'était déjà l'heure du café ! Et ils parlaient entre eux. Les Ukrainiens, furieux de les entendre, se levaient aussi et les battaient.

En général, les Ukrainiens saisissaient le moindre prétexte pour faire de l'un ou l'autre d'entre nous leur souffre-douleur. Du moins, quand ils nous tabassaient trop fort, avions-nous le recours de nous plaindre à Dziadzia Iasha. Les Ukrainiens, tout comme les Allemands d'ailleurs, avaient peur des Russes. Savaient-ils que Iasha n'était rien d'autre, selon leurs critères, qu'un Juif méprisable ? Il est vrai que ce Juif méprisable était aussi un homme à la personnalité redoutable, capable d'exercer sur eux des représailles féroces.

David Perlmutter, âgé alors de huit ans, était un peu notre mascotte. Il avait la permission d'aller voir son père dans un autre block mais c'était chose rare. En général, il passait son temps à essayer de sortir pour aller mendier quelque chose à manger : il avait appris à dire « J'ai faim » dans plusieurs des langues parlées à l'intérieur du camp, et il savait où les colis de la Croix-Rouge étaient susceptibles d'être distribués. Mais nous ne le laissions pas trop se balader seul car certains kapos étaient des dépravés qui pervertissaient les enfants et leur « échangeaient » des faveurs sexuelles contre un bout de pain, un peu de sucre ou n'importe quoi d'autre.

Il y avait aussi parmi nous le plus jeune des frères Lau, des Juifs issus d'une famille rabbinique de Piotrków. Il s'appelait Luleck et, bien qu'il n'eût que huit ans, on l'avait séparé de son frère aîné qui, lui, avait été expédié au block 66. Le soir, à l'heure de la « soupe » mangée dans les gamelles, les restes du repas était gardés pour eux, les petits : ils avaient ainsi le privilège de pouvoir gratter les morceaux de nourriture restés collés aux parois du bidon.

Nous étions tous à bout de force mais nous avions une chance supplémentaire désormais : nous n'allions pas sur la place d'appel car le block 8 était isolé du reste du camp et entouré de barbelés – le décompte des âmes encore en vie se faisait sur place. Toutefois, rien n'était facile pour autant car les Allemands voyaient le block 8 d'un mauvais œil. Ils soupçonnaient les Russes d'y cacher des enfants qui auraient été aptes au travail – ce qui était vrai.

En dépit de ce déménagement favorable, notre existence continuait donc de se traîner dans l'odeur de la mort issue des fours crématoires. Je me souviens que je pouvais voir depuis mon grabat la fumée et parfois les flammes qui sortaient des cheminées toutes proches.

« C'est les crématoires, me disais-je. C'est là qu'on nous brûle. »

Je repensais alors à mon oncle : « Peut-être qu'ils l'ont tué. Peut-être qu'il est parti en fumée… »

Chaque matin, les charrettes passaient. On y entassait les morts de la nuit, ces malheureux que nous avions dû tirer par les pieds pour les faire descendre de leur planche.

Il y avait d'autres corvées aussi : des kommandos existaient pour tout ce qui était pénible et susceptible de nous désespérer en nous poussant aux dernières limites de nos forces. L'un d'eux, le *Scheisskommando*, avait pour mission de curer à la pelle les latrines, de vastes fosses cimentées au-dessus desquelles les détenus s'asseyaient pour faire leurs besoins en se tenant à une barre. Les prisonniers affectés au *Scheisskommando* rentraient au block imprégnés d'une odeur nauséabonde qui venait s'ajouter à celle du camp.

Nous avions le droit de nous porter volontaires pour faire partie d'un kommando. On recevait alors la promesse d'une ration de pain supplémentaire. En fait, nous savions très bien que c'était une tromperie : il n'y avait jamais de ration supplémentaire.

Mais l'un des kommandos était chargé d'aller à Weimar trier les ruines laissées par les récents bombardements et, dans ces ruines, il restait forcément des choses susceptibles d'avoir une « valeur », voire une valeur nutritive. En outre, il pouvait arriver que certains habitants, après avoir réclamé l'aide des « déblayeurs », offrent clandestinement une récompense aux jeunes ouvriers venus les aider. Inversement, d'autres habitants moins aimables dénonçaient les ouvriers qu'ils avaient vu glisser en cachette quelque chose dans leur poche. Le soir même, lors de l'appel, le fautif risquait d'être appelé par son numéro pour être pendu, fusillé ou puni de cinquante coups de bâton. C'était le tarif. Un tarif qui pouvait vous envoyer à la mort car il faut imaginer ce que signifient cinquante coups de bâton sur un corps exténué par la faim. Mais, bien sûr, certains d'entre nous réussissaient quand même à tromper la surveillance des gardes et à échapper à la punition.

Je ne suis jamais allé déblayer les ruines mais je me suis porté volontaire pour partir, comme nous disions, « aux carrières ». Là-bas, le boulot consistait à trier les cailloux. J'avais l'espoir de quelque bénéfice, sans doute, mais je ne me rappelle plus lequel. Les carrières, ça voulait dire marcher huit à dix kilomètres dans la forêt. On s'y rendait en empruntant une voie appelée « route du Sang » car elle avait été construite par les prisonniers dont beaucoup y avaient laissé leur vie, soit parce qu'ils étaient au bout de leurs forces, soit parce que les Allemands les avaient battus à mort ou achevés d'une balle dans la nuque.

Une fois sur place, le travail était épouvantablement dur, surtout pour un adolescent souffrant de malnutrition. Et il était aussi complètement inutile. Il s'agissait de transporter de lourdes pierres d'un endroit à l'autre, et vice-versa. En fait, ce « travail » n'avait rien de productif. Il ne servait à rien. Les nazis l'employaient pour nous faire mourir d'épuisement.

Avec mon kommando, j'ai commencé à déplacer des pierres. Certaines pouvaient faire vingt, trente kilos. Je trébuchais à cause de mes vieilles godasses trop grandes. Et le froid, en traversant ma pauvre tunique, me serrait le corps comme un étau glacé. À un moment, j'ai laissé tomber ma charge par terre. J'étais en train de faire un début de malaise. J'avais la tête qui tournait. Je n'y voyais plus rien. Mes oreilles bourdonnaient. Je me suis écroulé dans la poussière.

Quand je suis revenu à moi, le SS de garde me dominait de toute sa hauteur. Il me gueulait l'ordre de me relever. Il trouvait que je n'obéissais pas assez vite. Il m'avait déjà flanqué un coup de poing dans la mâchoire. Trois dents avaient sauté. Je me suis mis à quatre pattes, puis sur mes jambes, tant bien que mal. Après m'être essuyé la bouche, j'ai repris mon bloc de pierre. Je sentais avec ma langue les cavités au goût de sang qui s'étaient formées quand ce bourreau m'avait déchaussé les dents.

J'ai vraiment cru à cette minute-là que c'était la fin. Que je vivais ma dernière journée de vie sur cette terre. Comment était-ce possible ? Mon corps ne répondait plus. Il réclamait un minimum d'énergie pour pouvoir continuer et comme je ne pouvais lui procurer cette énergie, il me lâchait. Ou alors j'étais malade. Qui me soignerait si j'avais attrapé le typhus ?

Beaucoup de prisonniers attrapaient ce mal, vu le genre de latrines qu'on avait. Il y avait bien une infirmerie à Buchenwald : le *Revier* – tous les déportés connaissent ce mot. Mais personne ne voulait aller au *Revier*, car ceux qui en franchissaient la porte prenaient le risque de ne pas revenir. On y tuait les gens au prétexte de pratiquer sur eux des expériences « scientifiques ». Parfois, même, on les tuait sans avoir besoin de prétexte, juste pour éliminer un prisonnier de plus ou une « bouche inutile », comme disaient les Allemands s'agissant des enfants. Quand vous étiez malade – ce qui était très fréquent, étant donné les conditions de nourriture et d'hygiène –, mieux valait vous terrer dans votre block et attendre que ça passe : c'était plus sûr que d'aller au *Revier* confier votre sort à des assassins.

*

Derrière le block 8 se trouvait le block 14 où l'on avait regroupé les Français. C'était la première fois de ma vie que j'en voyais, la première fois que j'entendais parler leur langue. À en croire les prisonniers qui la comprenaient, ces gars du block 14 se racontaient des recettes de cuisine pour essayer de conjurer la faim ! C'était peut-être un cliché, ou peut-être pas.

Les Français, à ce stade de ma vie, je les connaissais seulement par ouï-dire. Autant qu'il m'en souvienne, ils étaient bien vus en Pologne, surtout dans les milieux socialistes où la France était identifiée comme le pays de la Révolution et des droits de l'homme. Dans le pays où le capitaine Alfred Dreyfus avait été blanchi et réhabilité, disait-on, la vie était plutôt agréable. Les Juifs polonais, surtout ceux qui se cultivaient et lisaient les journaux, rêvaient d'aller s'y installer. Mon père avait même aidé un de mes cousins germains du nom de David Bulwa, le fils d'un de ses frères, à s'y exiler pour fuir les poursuites dont il était victime en tant que communiste.

Si l'on m'avait dit alors que je suivrais bientôt le même chemin, je ne l'aurais sans doute pas cru. Il est vrai que mes projets, pour le moment, se limitaient à essayer d'être encore en vie quand arriveraient les infâmes bidons du « dîner ». La France était encore pour moi une terre très étrangère dont j'avais une notion des plus vagues.

Question réputation, au camp, c'était une autre chanson qu'en Pologne. Les prisonniers informés racontaient que ces gens-là, les *Frantsoyzish* du block 14, avaient dû déployer de sacrés efforts pour être admis au sein de la résistance intérieure. Au début, ils arrivaient au camp en traînant une renommée lamentable. On les disait paresseux et resquilleurs. La propagande allemande était passée par là évidemment. Mais il y avait plus : les autres détenus leur reprochaient d'avoir abandonné à Hitler la Tchécoslovaquie, l'Autriche et bien sûr la Pologne. Sans parler du peu de courage dont leurs soldats avaient fait preuve devant l'invasion éclair de leur territoire. Et puis, ils avaient pour chef un certain Pétain, qui collaborait avec les Allemands...

Au fil des mois, leurs rangs à Buchenwald avaient grossi. Les Allemands avaient arrêté en France des résistants communistes, gaullistes et juifs, lesquels s'étaient retrouvés dans des convois pour l'Allemagne et les camps. Dès lors, les combattants français avaient pris du galon : ils avaient eu à cœur de faire preuve de bravoure et d'organisation dans la lutte pour appuyer les Alliés et augmenter les chances de faire un jour tomber Hitler.

*

J'ai gardé jusqu'à la fin la veste, le pantalon et les godasses que j'avais reçus à mon arrivée. J'ai eu l'espoir un temps d'avoir un caleçon, comme Lolek, mais ça ne s'est pas fait à cause du trop grand nombre de candidats. Toutes les trois semaines, nous devions porter nos vêtements à désinfecter. Les Allemands nous ordonnaient de nous déshabiller, puis il fallait attendre, tous à poil dans une grande salle, que l'opération soit finie. Alors on nous rendait nos habits.

La toilette quotidienne se faisait à l'eau froide : le block 8 disposait de lavabos, comme je l'ai dit. Au début, on nous avait distribué du savon, mais nous ne voulions pas nous en servir car des rumeurs s'étaient mises à circuler, disant qu'il était fabriqué avec de la graisse humaine. Plus rien ne nous étonnait puisque même l'impossible était devenu possible. Alors nous ne faisions que plier, céder, nous adapter aux nouvelles sans chercher à savoir si c'était vrai ou faux. Quel moyen avions-nous de vérifier les informations folles qui traversaient le camp, portées par toutes les langues d'Europe ? Du savon fabriqué avec de la graisse humaine ! Étions-nous si gras, que nous puissions fournir une telle matière première ?

Tout a été dit depuis la fin de la guerre sur l'usage que les nazis ont fait de nos corps mais sur le moment, étant donné ce que nous étions en train de vivre, même ce qui était aberrant finissait par nous sembler normal – je dirai même que plus ça nous semblait monstrueux, plus ça risquait d'être vrai.

En ce premier trimestre de l'année 1945, nous étions obsédés, au-delà de la faim et de la peur, par cette fameuse question du *pourquoi* – *favous* en yiddish. Elle concernait notre sort, à savoir la Solution finale apportée à la question juive, mais aussi l'intervention des Alliés. *Pourquoi* avaient-ils laissé faire cette ignominie ?

D'après les historiens que j'ai lus par la suite, l'information selon laquelle les Juifs faisaient l'objet de massacres de masse est parvenue dans les grandes capitales dès 1942, alors que tous les ghettos n'avaient pas encore été liquidés.

Par exemple, trois fossoyeurs qui avaient réussi à s'évader de Chelmno, le premier camp d'extermination ouvert en 1941 à soixante kilomètres de Łodz, ont vu leur témoignage atteindre en janvier 1942 l'Angleterre et les États-Unis où ils ont été largement repris par les organes de presse juifs. En juin de cette même année, le *London Daily Telegraph* signalait le massacre systématique de cinquante mille Juifs de Vilnius, ainsi que l'existence de chambres à gaz. En juillet, le *Times* lui-même faisait état d'autres assassinats de Juifs en Pologne, et de *transports* vers des destinations inconnues. En août, c'est *Newsweek* qui parlait de trains chargés de Juifs raflés dans le ghetto de Varsovie et disparaissant purement et simplement – dans un « vide noir », écrit le journaliste.

Des témoignages arrivaient même de Palestine où des Juifs avaient réussi à se réfugier, ou à être envoyés dans le cadre d'échanges de prisonniers entre l'Angleterre et l'Allemagne. À Londres, des socialistes du Bund n'ont cessé d'attirer l'attention des médias et de la classe politique sur ce qui se passait en Europe de l'Est. Même Churchill savait parfaitement que les Juifs étaient, comme il l'a reconnu, les « premières victimes d'Hitler ».

D'après ce que j'ai lu, l'histoire a même retenu le nom de plusieurs catholiques polonais qui se sont fait un devoir d'alerter l'opinion publique sur ce qui se passait à Auschwitz – comme Vitold Pilecki, par exemple, que les communistes ont récompensé en le condamnant à mort, ou comme le résistant désormais bien connu Jan Karski.

À Buchenwald, tous les prisonniers avaient eu connaissance de bombardements – auxquels ils avaient parfois assisté. Moi-même, j'avais entendu passer les avions et vu de mes yeux que la ville de Weimar avait été bombardée. Une usine d'armement voisine du camp avait été frappée en 1944 par les Alliés – les communistes du camp en avaient d'ailleurs profité pour y récupérer des armes. C'est la preuve qu'il était possible de *faire quelque chose.*

En France, comme nous l'avions appris en communiquant plus ou moins avec les détenus du block 14, la Résistance avait fait sauter des trains et des blindés allemands. Pourquoi n'avait-elle pas saboté aussi les voies de chemin fer pour empêcher les convois de quitter Drancy ou Compiègne ? Pourquoi une telle indifférence, dans tous les pays, face à l'élimination des Juifs ?

Je savais, pour l'avoir appris à la verrerie Hortenzja de Piotrków, que les résistants polonais ne tenaient pas à avoir des Juifs dans leurs rangs. Gustav Schiller et Dziadzia Iasha avaient beau nous répéter que les Juifs russes avaient été libérés de leurs chaînes ancestrales par l'Union soviétique, d'autres sons de cloche nous parvenaient, que nous préférions garder pour nous afin de ne pas contrarier nos protecteurs communistes, mais qui disaient clairement ceci : « Ça ne se passe pas là-bas comme ils le prétendent. »

Et la vérité, malheureusement, devait nous apparaître après la guerre avec une terrifiante clarté. Les Juifs étaient maudits partout sur la terre. Les nazis avaient entrepris le grand génocide et leurs ennemis ne pouvaient ou ne voulaient s'y opposer.

*

Le printemps est ordinairement regardé comme le retour de l'espoir. Les temps se font meilleurs et les journées plus belles, dans la nature comme dans la société. La fête de Pessah se rapproche, annonçant la fin de l'esclavage et rappelant que les Juifs, jadis, ont pris si vite la route de la liberté que leurs pains n'ont pas eu le temps de lever. Comme nous aurions voulu pouvoir manger nos *matzot* ! Même ceux qui n'étaient pas croyants, comme moi, regrettaient le temps où les familles se réunissaient pour le Seder. Mais ce printemps 1945 n'annonçait nul Seder, nul espoir.

Nous étions de plus en plus faibles. Nous n'avions plus que notre instinct de survie. Toujours plus de prisonniers ne se réveillaient pas le matin sur leur planche. Combien d'entre nous verraient l'arrivée des Alliés, si les Alliés arrivaient jamais jusqu'à ce camp maudit ?

C'est en avril que les Américains se sont arrêtés à l'entrée de Buchenwald et ont cligné des yeux pour tâcher de déchiffrer l'inscription ironique sculptée en lettres de fer au-dessus de la porte : « À chacun son dû. » C'était un avril bien froid, autant qu'il m'en souvienne.

Au cours des semaines précédentes, des avions amis – dont nous ne savions pas grand-chose et pas vraiment d'où ils venaient – avaient multiplié les vols de reconnaissance au-dessus de nos têtes. Les bombardiers s'étaient mis à survoler les baraquements avec une fréquence accélérée. Et les Allemands avaient commencé d'évacuer les prisonniers, en commençant par les Juifs, bien évidemment.

Le scénario se répétait tous les matins : le rassemblement se faisait place d'appel, à l'entrée du camp, puis les détenus au désespoir devaient prendre la direction des trains. Parfois, le convoi s'ébranlait mais, souvent, les avions alliés surgissaient en rase-motte et les Allemands décidaient d'interrompre l'évacuation. Les prisonniers alors rentraient aux baraquements, plus ou moins soulagés.

Le mercredi 4 avril – lendemain de Pessah –, la tension est subitement montée d'un cran. Pour quelle raison exactement ? c'est impossible à dire. Nous avons compris en tout cas qu'il n'y aurait pas de kommando ce jour-là. Mais nous ne savions pas si c'était une bonne ou une mauvaise nouvelle.

Puis des centaines de prisonniers faméliques venus d'autres camps sont venus gonfler brusquement nos effectifs. C'était un signe, à n'en pas douter : les Américains, cette fois, n'étaient plus très loin. Ou étaient-ce les Russes ? Quoi qu'il en soit, l'étau se resserrait.

Les nazis allaient-ils essayer de nous évacuer tous ? Si telle était leur intention, alors nous serions jetés sur les routes pour une nouvelle marche de la mort. Et combien alors pourraient résister à l'épreuve ? Combien tomberaient au bord du chemin, achevés d'une balle dans la nuque ?

À un moment, l'ordre a jailli des haut-parleurs : « *Juden, raus !* » Les Juifs, dehors.

Cette expression nous blessait les oreilles depuis septembre 1939 – elle me les blesse toujours. Elle voulait dire tant de choses. « Sortez de vos maisons », bien sûr, mais aussi : « Disparaissez de la surface de la terre. » Et la phrase ne tombait pas seulement des lèvres militaires : les historiens nous ont appris depuis que beaucoup de petits Allemands de l'époque recevaient en cadeau de Noël un jeu de société appelé ainsi : *Juden, raus !*

À Buchenwald, en ce jour d'avril, l'ordre signifiait que les Juifs devaient sortir des baraques et se présenter place d'appel. Mais pour la première fois, personne n'a bougé. L'ordre des chefs de blocks était de ne plus obéir. La consigne ressemblait à un coup de poker mais le fait est qu'il ne s'est plus rien passé jusqu'à la tombée de la nuit.

Je ne me rappelle plus très bien comment s'est déroulée la journée du lendemain 5 avril. Lolek me dit que les haut-parleurs ont de nouveau ordonné aux Juifs d'aller place d'appel. C'était peu avant l'aube. D'après lui, nous n'avons pas bougé et Wilhelm Hammann, le chef du block, nous a rappelé fermement la consigne : « Quoi qu'il arrive, vous ne sortez pas ! »

Apparemment, les prisonniers du camp principal ont fait comme nous : ils n'ont pas obéi, de sorte que les nazis ont dû se présenter aux portes des baraquements pour obliger les Juifs à sortir, avec un succès relatif, semble-t-il.

De toute façon, de nouveaux convois ne cessaient de dégorger leurs déportés arrivant par milliers, tous en guenilles et dans un état lamentable, certains boitant sur des béquilles de fortune, ce qui créait sans cesse de nouvelles difficultés aux Allemands et à l'organisation politique qui administrait le camp.

Une certaine – et dangereuse – pagaille s'est instaurée et poursuivie les jours suivants. Il est devenu clair que les nazis cherchaient à évacuer Buchenwald et que l'organisation intérieure faisait tout son possible pour leur mettre des bâtons dans les roues. D'après un télégramme émis ce jour-là par un officier SS, le camp comptait quarante-huit mille détenus ! Et il fallait les faire partir, prévoir des trains, des forces de l'ordre, etc. La destination, paraît-il, était Dachau. À force d'efforts, les Allemands ont réussi à évacuer des milliers de personnes dont nous avons su par la suite que quatre-vingt-dix pour cent d'entre elles n'avaient pas vu la fin du voyage.

Ces tentatives d'évacuation se sont poursuivies jusqu'au 11 avril, tantôt avec succès, tantôt en vain. Quand les nazis ont fait irruption dans le block 8 en hurlant « *Juden, raus !* », Wilhelm a répondu qu'il n'y avait pas de Juifs ici, seulement des gosses. Pendant ce temps, l'aviation alliée leur mettait la pression. Les pilotes descendaient vers nous en piqué mais ne tiraient pas : ils se contentaient de stresser les Allemands. Et les trains tirant leurs wagons à bestiaux continuaient de partir tant bien que mal pour Weimar, qui était toute proche ; de Weimar, ils s'ébranlaient à nouveau en direction de Dachau ou de Theresienstadt sous le harcèlement des avions de combat.

Le 11, les haut-parleurs ont appelé les SS à regagner leurs postes à l'extérieur du camp. Le block 8 n'était pas loin de la place d'appel : on les a vus qui détalaient.

La résistance intérieure a jugé que le moment était venu de sortir les armes et tous ceux qui avaient encore des forces se sont transformés en combattants. Des insurgés ont ouvert le feu en direction des miradors qui étaient occupés par des gardes ukrainiens. D'autres ont réussi à ouvrir la grande porte, et même à couper le courant pour rendre les barrières inoffensives.

J'ai su après que des insurgés s'introduisaient déjà dans les bâtiments hier encore réservés aux nazis, désormais vides. Un groupe d'entre eux aurait même pénétré le bureau du commandant, le SS *Oberführer* Hermann Pister, alors en fuite. Sur le bureau de Pister, le téléphone sonnait. Un insurgé a décroché. Une voix a dit au bout du fil que des avions de la Wermacht était positionnés sur un aérodrome avec mission de bombarder le camp. L'insurgé a dit : « *Jawohl.* »

Et il a raccroché en soupirant : « Cette fois, on est foutus. »

Mais la chance nous a souri : Buchenwald ne serait jamais bombardé par les nazis, faute de carburant pour remplir les réservoirs des appareils – cette trace de leurs crimes ne put être effacée.

Et entre-temps, les Américains avaient franchi la grande porte du camp. Je me souviens d'avoir contemplé, cet après-midi du 11, l'image quasi irréelle d'un command-car s'arrêtant place d'appel. Selon moi, il y avait quatre hommes à bord dont deux Français qui étaient, je pense, le lieutenant Emmanuel Desard et le sergent Paul Bodot, des hommes engagés dans la troisième armée du général Patton, et qui ont livré par la suite leurs témoignages horrifiés.

Envoyés en reconnaissance, ils étaient tombés un peu plus tôt sur des insurgés qui tenaient en respect des SS désarmés. Et ces insurgés leur avaient dit qu'ils venaient de Buchenwald, un camp qui s'était libéré. Le camp, caché dans sa belle forêt de hêtres, ne figurait pas sur les cartes d'état-major. Ces quatre hommes avaient continué jusqu'à nous et découvert l'horreur : des bandes de fantômes qui pouvaient à peine accourir à leur rencontre tant ils étaient affaiblis.

Effarés du spectacle qui leur était offert, ils nous ont distribué tout ce qu'ils avaient à manger dans leur véhicule : des rations, du chocolat et même des chewing-gums, incroyable manne vers laquelle nous tendions nos doigts tremblants, décharnés. Avec les *Frantsoyzish*, nous ne nous comprenions pas, mais les deux autres nous ont expliqué en anglais qu'ils étaient là en éclaireurs. Et ils

À mon arrivée en France, le 6 juin 1945. Âgé de 16 ans, je suis seul devant le vide d'une existence à remplir.

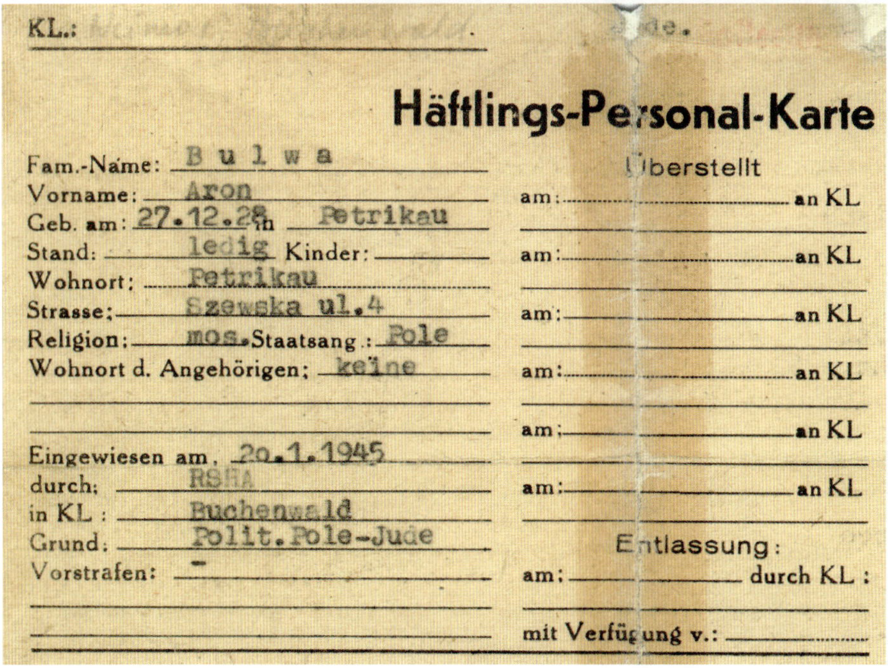

KL.:

Häftlings-Personal-Karte

Fam.-Name: B u l w a
Vorname: Aron
Geb. am: 27.12.28 in Petrikau
Stand: ledig Kinder:
Wohnort: Petrikau
Strasse: Szewska ul.4
Religion: mos. Staatsang.: Pole
Wohnort d. Angehörigen: keine

Eingewiesen am: 20.1.1945
durch: RSHA
in KL: Buchenwald
Grund: Polit. Pole-Jude
Vorstrafen: -

Überstellt
am: an KL
am: an KL
am: an KL
am: an KL
am: an KL
am: an KL

Entlassung:
am: durch KL:
mit Verfügung v.:

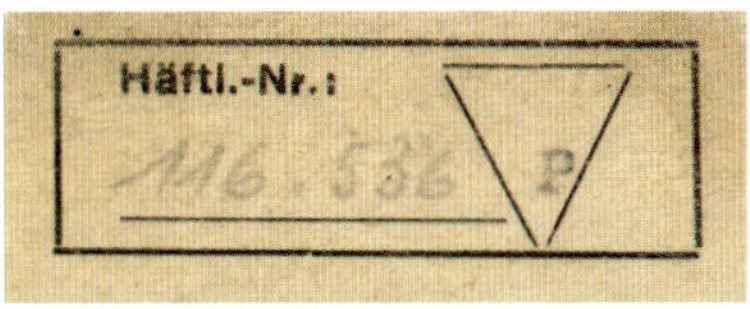

Häftl.-Nr.: 116.536 P

Carte personnelle du « prisonnier politique » (P) Bulwa Aron, matricule 116.536, au K.L. (*Konzentrationslager*) de Weimar Buchenwald, retrouvée dans les archives du camp après sa libération par l'armée américaine.

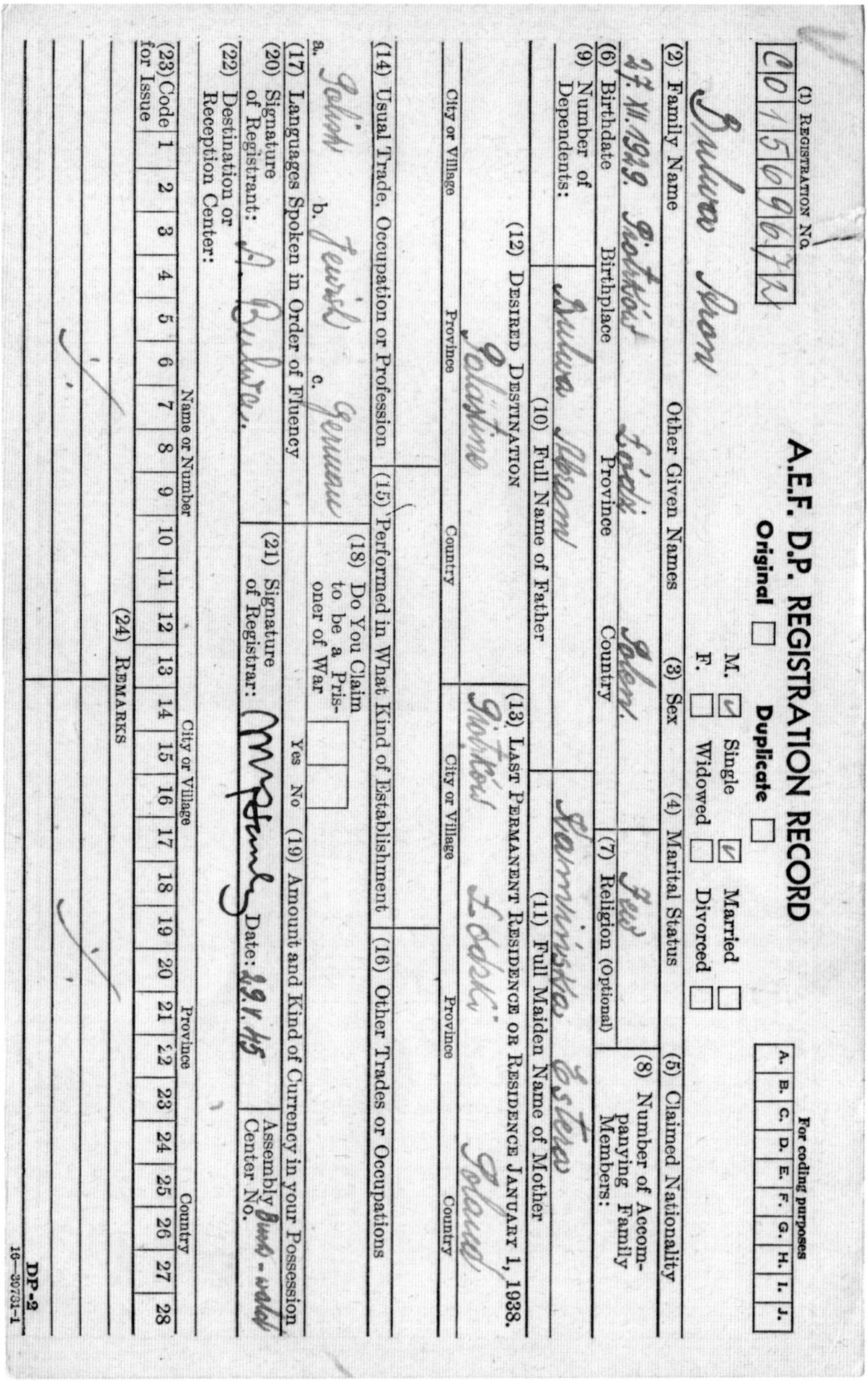

A.E.F. D.P. REGISTRATION RECORD

Original ☐ Duplicate ☐

(1) Registration No. C 0 1 5 6 9 6 7 2

(2) Family Name: Bulwa — Other Given Names: Aron

(3) Sex: M. ☑ F. ☐ — (4) Marital Status: Single ☑ Married ☐ Widowed ☐ Divorced ☐

(5) Claimed Nationality

(6) Birthdate: 27.XII.1929 — Birthplace: Piotrków — Province: Łódź — Country: Polen

(7) Religion (Optional): Jew

(8) Number of Accompanying Family Members:

(9) Number of Dependents:

(10) Full Name of Father: Bulwa Abram

(11) Full Maiden Name of Mother: Kaminska Estera

(12) Desired Destination: Palestine (City or Village / Province / Country)

(13) Last Permanent Residence or Residence January 1, 1938: Piotrków Łódzki Poland (City or Village / Province / Country)

(14) Usual Trade, Occupation or Profession — (15) Performed in What Kind of Establishment — (16) Other Trades or Occupations

(17) Languages Spoken in Order of Fluency: a. Polish b. Jewish c. German

(18) Do You Claim to be a Prisoner of War: Yes ☐ No ☐

(19) Amount and Kind of Currency in your Possession

(20) Signature of Registrant: A. Bulwa

(21) Signature of Registrar: [signature] Date: 29.V.45

Assembly Center No.: Buchenwald

(22) Destination or Reception Center: Name or Number / City or Village / Province / Country

(23) Code for Issue: 1 2 3 4 5 6 7 8 9 10 11 12 13 14 15 16 17 18 19 20 21 22 23 24 25 26 27 28

(24) Remarks

For coding purposes: A. B. C. D. E. F. G. H. I. J.

DP-2

16—39781-1

Ma « feuille de vœux » à la sortie de Buchenwald, sur laquelle je me suis rajeuni d'un an, comme tous mes camarades. À la ligne « destination désirée », j'ai écrit « Palestine ». Je n'avais alors qu'un désir, fuir l'Europe. C'était ma seule idée, mon seul projet. Mais comment ? Avec quel argent ?

De Mulhouse, on nous a conduits à Écouis, au sud-est de Rouen, où la République française avait mis une maison de santé à la disposition de l'Œuvre de secours aux enfants (OSE). Ce n'était plus le froid, la faim, les SS et les Ukrainiens, les pendaisons et les cadavres amoncelés. Mais ce n'était pas non plus une colonie de vacances...

En 1945, Anna, la fille du tapissier Camille Bulwa, voulut m'emmener au défilé du 14 juillet à la Bastille, dans mon costume de bagnard. Je l'ai porté de nouveau en septembre, à Vigneux, près de la résidence secondaire de Camille. Ce que je ne faisais que soupçonner alors, c'est que cet uniforme était tissé avec du fil, mais aussi avec les cheveux de prisonniers tondus puis assassinés dans les camps.

Suzanne Bulwa, fille de tailleurs du Ve arrondissement, portait le même nom que moi. Mais nos familles n'avaient aucun lien de parenté. Elle avait des yeux sombres et de beaux cheveux noirs.

Nous nous sommes mariés en 1953 à la mairie du Ve arrondissement. J'avais 24 ans et elle 26. Le marié était seul au monde et les parents de la mariée, auxquels cette union déplaisait, ne firent pas le déplacement.

En famille avec les parents de Suzanne et notre fille, Sylvie.

Ma naturalisation française, obtenue en 1952, fut suivie deux ans plus tard par une convocation : j'étais appelé sous les drapeaux. À peine deux mois plus tard, la fête de la Toussaint était marquée par une série d'attentats qui ensanglantèrent l'Algérie...

Ma femme Suzanne et moi ne comptions pas nos heures de travail. C'est ainsi que nous avons pu acheter, 26 boulevard Saint-Marcel, un magasin de confection pour dames, connu dans le quartier sous l'enseigne « Suzanne Couture ».

Retour à Piotrkòw, en 1993. L'appartement de mes parents était au 4 *Ulica Szewska*, la « rue des Cordonniers ». L'immeuble était inchangé, tel qu'inscrit dans mon souvenir : une maison grise de deux étages. Il y avait encore, à l'intérieur de l'immeuble, la petite cour où ma grand-mère fut tuée d'une balle dans la tête par les nazis en 1942.

La synagogue – la *schull*, en yiddish – existe toujours. Elle fut le théâtre d'une *Judenaktion* dont je suis un des derniers témoins vivants : on y a enfermé, torturé et tué pendant plusieurs jours des centaines d'hommes, de femmes et d'enfants. Puis les survivants ont été emmenés dans un bois voisin pour y être abattus à la mitrailleuse.

À mon arrivée à Buchenwald, mes jambes squelettiques flottaient dans mon pantalon. Situation dangereuse, surtout au moment des appels. Un de mes camarades avait perçu deux ceintures. Il m'a dit : « Prends-en une. »
Il s'appelait Élie Buzyn, je l'appelle toujours Lolek.

ont ajouté : « Le reste des troupes n'arrivera pas avant demain. Vous allez devoir tenir encore un jour de plus. »

Ils avaient déjà compris que nos vies ne tenaient plus qu'à un fil.

Des responsables de l'insurrection les ont emmenés voir des SS qu'ils avaient capturés entre-temps : une cinquantaine de soldats lamentables, enfermés dans un baraquement gardé par un déporté allemand armé d'un fusil. Les révoltés auraient pu les tuer, comme ils avaient tué les Ukrainiens dans les miradors. Ils ne l'ont pas fait. Les deux Français affirment même dans leur témoignage qu'ils nous ont vus distribuer à ces SS désarmés des gamelles de soupe !

Il existe à Washington un rapport rédigé sans doute par le soldat américain arrivé avec ces éclaireurs à bord du command-car, et l'on peut y lire ces lignes :

Camp de concentration de Buchenwald occupé par 21 400 prisonniers politiques [...]. *Situation médicale : 3 000 malades, la plupart dans un état critique ; 3 000 invalides, y compris aveugles. Hôpital et médecins présents, mais aucun médicament, ni matériel médical, ni désinfectants disponibles. Pas d'opérations possibles. Situation désespérée. Assistance urgente nécessaire* [...]. *Des groupes spéciaux d'assaut avaient été organisés pour vaincre les gardiens. Avant notre arrivée, les postes de garde ont été pris et 125 SS ont été capturés et sont toujours prisonniers du camp. La direction du camp est entre les mains d'un comité bien organisé, composé de toutes les nationalités représentées.*

En effet, la résistance intérieure, après avoir sorti les armes de leurs planques, avait mis en place une direction composée de représentants des diverses nationalités.

De sorte qu'il est possible de dire qu'à l'arrivée des Américains le camp de Buchenwald était déjà libéré.

Libéré mais pas encore délivré car les Allemands réfugiés dans la forêt nous tiraient dessus. C'est pourquoi les messages diffusés par haut-parleur nous ordonnaient de rester dans les blocks. Mais rester dans les blocks était difficile tellement nous avions faim. David, qui était encore tout jeune, l'a dit dans son témoignage : comprenant que le camp était libéré, il a tout de suite réclamé à manger et les Américains l'ont emmené à l'infirmerie où quelqu'un lui a donné une assiette de porridge. La deuxième chose qu'il a réclamée, c'est son père. La dernière fois qu'il l'avait vu, c'était la semaine précédente, le jour de son huitième anniversaire. Il était revenu angoissé car il l'avait trouvé couché et sans force. Ce fameux 11 avril, il l'a cherché à nouveau dans le camp, mais en vain. Le père de David était mort.

Dans quel état nous étions ! Physiquement et moralement. Il est certain que les Américains sont arrivés au tout dernier moment : la plupart d'entre nous n'auraient pu tenir plus de quelques jours supplémentaires. J'ai lu la poignante interview que Raymond Savoyat, un des Français arrivé le 15 avec le gros de la troupe américaine, a livré très récemment au journal *Le Monde* :

J'ai alors vu venir vers nous les déportés. C'étaient des loques qui se traînaient, une horde de cadavres ambulants. Ils étaient tous hagards. Il y avait un gars que deux de ses copains portaient pour ne pas qu'il tombe. C'était inimaginable.

Plus loin, ce chef de peloton engagé dans l'armée américaine, alors âgé de vingt et un ans, raconte qu'il devait aider ceux qui tentaient de se hisser dans les camions :

Aucun ne pouvait monter seul. Nous devions les porter. Ce n'était pas bien difficile. Ils ne pesaient guère plus de 35, 40 kilos. J'ai pris un homme dans mes bras. Ses os ont craqué et le gars s'est mis à hurler.

Je ne connais pas Raymond Savoyat, mais nous nous sommes sûrement croisés lors de ces journées d'avril.

À l'arrivée des Américains, le camp principal comme le petit camp étaient partout jonchés de cadavres. Beaucoup s'entassaient à l'entrée des fours crématoires. C'étaient les corps des prisonniers morts de mort violente, de maladie ou d'épuisement durant les derniers jours. Ce spectacle, nous avions pratiquement cessé de le voir tant il nous était familier, mais à cause de la soudaine présence des soldats alliés, il nous a sauté aux yeux de façon fulgurante.

L'épisode fut une expérience horrible. Nous pouvions voir d'un côté nos camarades réduits à l'état de déchets, et de l'autre de jeunes soldats qui pleuraient en découvrant nos figures creusées, nos squelettes couverts d'une fine pellicule de peau crasseuse, nos regards fous, nos gestes sans force. D'autres soldats faisaient un malaise quand ils tombaient sur les monceaux de cadavres. Il était affreux aussi de songer que beaucoup d'entre nous avaient péri *après* la libération du camp, soit parce qu'ils avaient déjà franchi hélas le point de non-retour, soit parce qu'ils s'étaient jetés sur la nourriture alors que leurs organismes n'étaient plus en état de rien assimiler.

Est-ce le lendemain ou le surlendemain que les officiers sont entrés dans le camp ? je ne me rappelle plus ce détail. Mais je sais que le général Patton était là, ainsi qu'un autre officier supérieur du nom de Bradley. Même Eisenhower, le commandant en chef, est venu respirer l'odeur de Buchenwald et contempler l'apocalypse. Ces militaires de carrière ont été tellement choqués que Patton a décidé d'organiser, pour les habitants vivant dans un périmètre de dix kilomètres alentour, une visite obligatoire du camp.

Les soldats sont allés les chercher jusqu'à Weimar et ces gens bien nourris, parfois élégamment vêtus, sont arrivés par la grande entrée. Ils ont été invités à traverser la place d'appel où le gibet se dressait encore. Ils ont défilé devant les corps entassés, et ils ont même pu admirer les tables sur lesquelles les nazis avaient torturé nos corps sous prétexte d'expériences « scientifiques », sans oublier les têtes coupées et les fragments de peau tatouée.

Soudain ils étaient là, ces Allemands qui avaient vécu dans notre voisinage ; ils étaient présents par centaines, coiffés de leurs chapeaux, et nous les regardions regarder l'horreur. Certains d'entre eux étaient au bord de la syncope. Ils cachaient leurs visages dans leurs mains. Ils répétaient qu'ils ne savaient pas, qu'ils ne savaient pas... Pourtant, ils avaient des yeux et ces yeux ne pouvaient manquer de nous avoir vus, esclaves décharnés envoyés à Weimar en costumes de bagnards pour déblayer les ruines. Tous possédaient un nez et ce nez avait forcément respiré la puanteur à nulle autre pareille échappée des cheminées, que le vent portait jusqu'à leur ferme, jusqu'aux fenêtres de leur maison. Où était alors leur humanité ?

J'avoue que des idées de vengeance m'ont traversé l'esprit à ce moment-là. Puis elles m'ont quitté. C'est peut-être regrettable. Peut-être pas. Peut-être que les nazis avaient réussi à les priver de leur cœur. À les amputer de leur courage. À les terroriser au point qu'ils avaient perdu toute volonté, tout libre arbitre.

Paradoxalement, les journées qui ont suivi la libération n'ont pas été des journées heureuses. Ce qui s'est passé au camp après l'arrivée des Alliés n'a rien à voir avec les images de liesse que l'on a pu voir en France et ailleurs quand les chars américains entraient dans les villes. En effet, beaucoup d'entre nous continuaient de mourir, l'horreur qui imprégnait l'atmosphère était trop forte et, à bien des égards, nous étions désemparés. C'était bizarre de se sentir libres, non menacés !

Et puis, et surtout, qu'allait-il advenir de nous ? Nous voulions fuir ces lieux, bien sûr, mais comment ? pour aller où ? pour quoi faire ? Par définition, nous n'avions rien prévu puisque nous étions seulement occupés à essayer de ne pas mourir ! Qui aurait la chance de retrouver ses parents ? Qui resterait orphelin ? Des listes tapées à la machine circulaient déjà, dressées dans d'autres camps, apportées par les Américains, sur lesquelles figuraient les noms des survivants. En ce qui me concerne, ayant appris finalement que mon oncle Motek avait été placé dans un kommando auquel il n'avait pas survécu, je n'osais même plus rêver d'une bonne nouvelle.

Les Américains, surpris de trouver à Buchenwald un si grand nombre d'enfants et d'adolescents, nous ont demandé de quitter le camp et d'aller nous installer dans les casernes occupées récemment encore par les SS et leurs familles. C'est ainsi que nous avons pu faire connaissance avec le décor où les nazis avaient mangé, les chambrées où ils avaient dormi, les salles où ils s'étaient saoulés en chantant leurs chants mélancoliques afin d'oublier, peut-être, le mal qu'ils nous avaient fait.

En parcourant les bureaux, nous sommes tombés sur la salle des archives. Le sol était jonché de casiers en bois comme on en trouvait alors dans les bibliothèques. C'étaient les boîtes contenant les fiches de tous les prisonniers passés par Buchenwald ! Elles étaient arrachées des armoires et renversées. Les fiches cartonnées, hier classées dans l'ordre alphabétique, se répandaient en éventail sur le plancher. Chacun s'est mis à genoux pour essayer de chercher « la sienne ». C'est comme ça que j'ai retrouvé ma fiche. Elle est toujours en ma possession.

Nous avons même pénétré dans les appartements des officiers. Il y avait des lits, des tables, des armoires, de la vaisselle. De tous ces biens, nous avions été privés si longtemps ! Certains objets, et même des armes, allaient directement dans notre poche, comme cette baïonnette à la lame gravée de l'aigle et de la croix gammée que j'ai faite mienne sans trop savoir pourquoi. Je revois aussi certains d'entre nous ouvrir un buffet, y prendre des verres et en faire des projectiles pour fracasser les glaces des armoires. Il arrivait que des bouffées de violence s'emparent de nous. Nous avons trouvé aussi des fusils tirant des balles traçantes. Un de mes camarades a voulu s'exercer au tir dans un couloir. La balle est revenue sur nous, déclenchant une vague de terreur.

Ces lieux nous faisaient trembler et mettaient nos nerfs à rude épreuve car ils avaient été le théâtre d'autres violences que celles pratiquées dans les blocks. Telle villa avait servi de résidence aux commandants du camp, dont le trop célèbre Karl Koch, le prédécesseur d'Hermann Pister. Pendant que les détenus, à quelques dizaines de mètres, crevaient de faim, de dysenterie et de mauvais traitements, Koch y avait mené une existence somptueuse et obscène. Il y avait caressé Ilse, son épouse nymphomane, laquelle devait faire son entrée dans l'histoire sous un surnom remarquable : la Chienne de Buchenwald. Ilse Koch est connue aujourd'hui pour les sévices qu'elle faisait subir aux détenus, et pour sa collection d'« estampes humaines » fabriquées avec la peau tatouée de ses victimes.

*

Deux hommes ont été chargés de s'occuper de nous : le lieutenant Edward A. Tenenbaum et un aumônier juif, le rabbin Heneck Schachter. Ce dernier était épouvanté. Que faire de ces jeunes morts-vivants ? Il a décidé d'alerter l'OSE, l'Œuvre de secours aux enfants. Il nous a expliqué que c'était un organisme d'entraide fondé en 1912 dans la Russie tsariste afin d'aider à la protection sanitaire de l'enfance juive. Schachter avait la possibilité d'entrer en contact avec la direction centrale de cet organisme, basé à Genève, et il a rédigé un télégramme à cette fin.

Son message est daté du 23 avril. Il fait état de quatre mille cinq cents Juifs encore présents à Buchenwald, « dont mille enfants de 3 à 15 ans », dit-il. Il nous décrit comme « désespérés » – il l'était lui-même, il faut bien le dire. Il suggère à l'OSE de prendre contact le plus rapidement possible avec les autorités américaines de Paris, et avec le ministère des Déportés, afin d'envisager un accueil sur le sol français. Ce simple télégramme rédigé par un homme débordé par sa charge devait jouer un grand rôle dans la suite des événements.

Le rabbin, qui prenait sa mission très à cœur, nous apprenait aussi à nous réalimenter. Il nous suppliait d'y aller progressivement. Nous avions de quoi manger désormais, grâce aux soldats et aux fermes des environs qui nous fournissaient en volailles et en légumes, mais nos estomacs n'étaient plus habitués à exercer leur fonction. Les jeunes qui avaient l'imprudence d'avaler trop d'aliments d'un coup étaient pris de vomissements et risquaient de mourir après être arrivés si près du but.

Dans l'ensemble, nos efforts consistaient non pas à reprendre une vie normale, mais à tenter de s'aventurer vers elle. Le chemin se faisait pas à pas, avec les moyens du bord. Beaucoup d'entre nous continuaient de porter leur costume de bagnard orné du triangle, ce que nous vivions mal. Mais où trouver du linge, des habits dignes de ce nom ? Quelques-uns avaient tout de même réussi à compléter leur pyjama avec des habits civils récupérés ici ou là – une vieille veste, un pantalon, une casquette. Les Américains ont trouvé à Weimar un atelier où faire fabriquer quelques dizaines de « costumes ». Pour habiller les petits, dont les vêtements étaient vraiment en loques, ils avaient dû recourir à des uniformes hitlériens recoupés exprès pour eux par des survivants brusquement retournés à leur métier de tailleur !

Mais parmi les innombrables problèmes qui se posaient à Tenenbaum et au rabbin Schachter, la question principale était de savoir que faire de nous. Nous avions confiance en eux : nous savions qu'ils ne nous abandonneraient pas à notre sort après nous avoir délivrés. Mais, quant à savoir où nous allions partir, c'était une autre affaire.

Je voyais avec une certaine angoisse les « nationaux » s'en aller petit à petit. Tous les jours des Français, des Allemands, des Tchèques nous disaient au revoir et se dirigeaient vers les camions, leur pauvre baluchon à l'épaule. Ils rentraient chez eux. Mais nous autres, les jeunes Juifs, où était notre « chez nous » ? Nous ne voulions à aucun prix retourner en Pologne, en Hongrie, en Roumanie. Pour être franc, nous n'avions pas du tout le sentiment que notre salut fût en Europe, le continent qui avait inventé la Solution finale et lancé le génocide.

Nous entourions le rabbin. Nous le regardions dresser des listes de destinations possibles : les États-Unis, la Palestine, l'Amérique latine. La Croix-Rouge lui indiquait par télégramme les pays qui acceptaient de « prendre des enfants ». Certains, comme le Venezuela, voulaient bien en accueillir un certain nombre, mais à condition qu'ils ne soient pas juifs.

« Ça limite les possibilités », soupirait Schachter en suçant nerveusement son crayon.

Des documents retrouvés par la suite m'ont appris que de Gaulle avait accepté de nous faire venir en France, mais qu'il avait dû affronter des oppositions, tel ce fonctionnaire qui, ayant pris sa plus belle plume, disait ne pas tenir à voir débarquer sur le territoire national des épaves qui mettraient vingt-cinq ans à mourir...

Tout s'est accéléré quand les vainqueurs de cette guerre ont procédé au partage des zones libérées. Les Soviétiques ont hérité de Buchenwald qui est donc passé sous le contrôle de leur état-major. Dès lors, nous nous sommes aperçus que les Russes du block 62 ne sortaient plus du camp. Nous avions le droit de circuler librement mais eux, non. Apparemment, la liberté, pour nos amis, n'avait duré que peu de jours.

C'était d'autant plus bizarre que nous regardions ces hommes comme des héros. Nous sommes allés les interroger. Un terrible fatalisme accablait leurs visages fatigués. Ils avaient fort bien compris ce qui se passait. Ils nous l'ont dit. À savoir qu'aux yeux de Staline un soldat qui se laissait prendre vivant était considéré comme un traître.

Bientôt, des camions sont venus les chercher. Nous n'avions pas vraiment idée de ce qui les attendait exactement car nos connaissances politiques n'étaient pas assez développées. Mais à défaut d'instruction, nous avions désormais un instinct puissant et ce nouveau *transport*, organisé cette fois par les soldats de l'Armée rouge, ne nous disait rien de bon. Le fait est que notre intuition était la bonne : ce qui attendait nos bienfaiteurs, c'était tout simplement le *Goulag* – un mot que personne n'employait encore.

Beaucoup de gars du block 8 ont pleuré quand ils ont vu, au petit matin, les camions soviétiques s'éloigner en soulevant la poussière sur la place d'appel. Et je dois dire que nous étions même étonnés de notre propre réaction. Nous ne savions pas que nous étions encore capables d'éprouver du chagrin. En un sens, le retour à une vie « normale », c'était aussi le retour des larmes.

Gustav Schiller, n'étant pas de nationalité russe mais allemande, n'était pas parti avec ses camarades à bord des camions soviétiques. Il continuait de veiller sur nous, avec le lieutenant Tenenbaum et l'aumônier Schachter. Tous trois nous ont annoncé que quatre cent vingt-six d'entre nous allaient partir pour la France où nous serions pris en charge par l'OSE, cette œuvre d'entraide alertée par le rabbin.

La liste des participants à ce voyage fut dressée après bien des palabres et des interrogatoires. Y figuraient, entre autres, David Perlmutter, les frères Lau et un jeune de mon âge appelé Élie Wiesel, le futur écrivain – il avait connu le block 62 et recevrait, en 1986, le prix Nobel de la paix. Lolek Buzyn aussi était des nôtres.

En ce mois de juin 1945, j'ai de nouveau dû mentir sur ma date de naissance. Je l'avais déjà fait à Piotrków sur ordre de mon père qui m'avait déclaré âgé de quatorze ans, alors que j'en avais douze, afin que je puisse rejoindre une équipe de travail à la verrerie. Cette fois, à Buchenwald, il s'agissait de me rajeunir d'un an. En effet, seuls les jeunes de moins de vingt et un ans étaient autorisés à venir en France. Or, il y avait parmi nous quelques camarades légèrement plus âgés qui ont dû tricher de quelques années ; et, pour plus de cohérence, même ceux qui avaient moins de vingt ans ont tous été rajeunis d'un an.

C'est ainsi que ma date de naissance officielle fut définitivement arrêtée au « 27 décembre 1929 » – alors que ma mère m'a mis au monde en 28. Aujourd'hui encore, je vis sur cette date : elle n'est pas illégitime dans la mesure où elle correspond pour moi au départ du camp, à ma seconde naissance.

Le train transportant quatre cent vingt-six jeunes survivants en partance pour la France a quitté Weimar le 2 juin. Nous nous mettions en route pour un voyage de quatre jours à travers une Allemagne aux villes bombardées, aux ponts coupés. Nous avions pour accompagnateurs le rabbin et Gustav Schiller qui entendait bien finir le travail et continuer de veiller sur nous, ses jeunes protégés.

Assis près de la fenêtre dans un train normal, et non dans une voiture à bestiaux, j'ai vérifié une dernière fois mon sac. Il contenait, entre autres menues affaires que nous avaient distribuées les Américains, ou que j'avais dégotées dans les casernes allemandes, mon costume de bagnard à rayures avec sa ceinture providentielle, ma gamelle de prisonnier, ma fiche de détenu, la fiche de mon oncle, et ma baïonnette de l'armée allemande récupérée après la libération du camp, lorsque nous avions établi nos pénates dans les casernes des SS.

Je n'avais aucun objet personnel venant de mon enfance, aucune photographie. J'étais un orphelin absolu.

3
Comme un Bulwa en France

À mon arrivée en France, le 6 juin 1945, je n'avais qu'un désir, fuir l'Europe. En Europe, on m'avait enfermé dans un ghetto. En Europe, on avait assassiné tous les miens. En Europe, j'avais connu le travail forcé et le camp de Buchenwald ! Qui enferme les enfants dans des camps… J'avais seize ans et je voulais à tout prix fuir ce continent. C'était ma seule idée, mon seul projet. Aller en Palestine, en Amérique, n'importe où…

Pourtant, une fois choisi le pays, comment s'y rendre ? Avec quel argent ? Partaient ceux qui avaient la chance d'avoir encore une famille quelque part. La mienne n'existait plus et personne ne pouvait m'aider. J'étais seul devant le vide d'une existence à remplir. Je pesais 29 kilos. J'étais exténué. Et désespéré.

Heureusement, il y avait l'OSE. À Mulhouse, où s'était arrêté notre train, les responsables avaient fait inscrire sur les voitures les mots *Enfants de Buchenwald* ; il s'agissait d'éviter tout malentendu car les plus petits d'entre nous portaient encore des vêtements coupés dans des uniformes des Jeunesses hitlériennes, ce qui risquait de prêter à confusion aux yeux de la population…

Puis nous avions roulé tranquillement, en première classe, jusqu'à Gisors. De là, on nous avait conduits à Écouis, une commune située à quatre-vingt-dix kilomètres de Paris. La République française y avait mis une maison de santé à la disposition de l'OSE, un ensemble de bâtiments symétriques où nous nous étions retrouvés dans des chambrées de quarante lits.

Ce n'était pas Buchenwald. Ce n'étaient plus le froid, la faim, les SS et les Ukrainiens, les pendaisons et les cadavres amoncelés. Mais ce n'était pas non plus une colonie de vacances. Ni le lieu idéal pour des enfants qui n'étaient plus des enfants et qui avaient tout perdu après avoir vécu des années de terreur.

Des médecins nous avaient examinés à l'arrivée, et les assistantes sociales étaient pleines de bonne volonté, mais il faut bien dire que ces bénévoles n'étaient pas formés – comment auraient-ils pu l'être ? – pour la mission qui leur incombait : accueillir des gosses ensauvagés par une expérience qui n'avait pas d'équivalent dans l'histoire de l'humanité. Ils étaient déroutés et inquiets de nos réactions parfois violentes.

Gustav Schiller, qui se considérait toujours comme notre chef, notre protecteur, et envisageait peut-être de rester en France, ne fut guère apprécié des autres adultes. À présent que la guerre était finie, l'ennemi commun ayant disparu, chacun avait tendance à retourner dans son camp politique. Et le fait d'être allemand n'était pas une bonne carte de visite, quand bien même vous aviez combattu les nazis et perdu sept années de votre vie dans un de leurs camps.

Le jour où cinq kilos de beurre ont disparu des cuisines, c'est lui, le communiste allemand Gustav Schiller, qui a été accusé de vol. En fait, il n'était pour rien dans ce larcin. Le beurre avait sûrement été détourné, ou revendu, par les employés eux-mêmes, dans une période où l'on manquait encore de tout.

Et quant à nous, les « enfants », on nous a interrogés. Bien sûr, nous avons refusé de dire quoi que ce soit. Il n'était pas question de dénoncer un homme à qui nous devions d'avoir échappé à la mort.

Résultat, la direction nous a privés de notre goûter : on a eu du pain sec au lieu de la tartine et du morceau de chocolat habituel. Vous revenez de Buchenwald et on vous punit de goûter pour le vol d'une motte de beurre dans les cuisines ! J'ai vraiment eu le sentiment, à ce moment-là, que deux mondes allaient se faire face : ceux qui avaient connu les camps et les autres. Finalement, Gustav a été renvoyé d'Écouis, et il a dû quitter la France, départ qui nous a plongés dans le chagrin.

Celui qui m'aidait vraiment à tenir, c'était Lolek Buzyn, mon camarade, le garçon qui m'avait sauvé la vie en me faisant le don d'une de ses deux ceintures. Nous étions comme des frères et c'est toujours le cas soixante-quinze ans après.

Or nous étions à peine installés à Écouis, et tout à nos discussions pour savoir quel coin du monde était susceptible de nous accueillir, de préférence un endroit sans Polonais, sans Allemands et sans Ukrainiens, quand est arrivée la nouvelle qui devait nous séparer.

Une des éducatrices bénévoles de l'OSE, la future écrivaine Rachel Minc, elle-même originaire de Łodz en Pologne, avait retrouvé à Paris un oncle de Lolek ! L'oncle en question, Léon Pérel, était chirurgien à l'hôpital Rothschild. Il avait survécu à l'Occupation. Il est venu chercher Lolek. Mais nous étions ensemble depuis des semaines, mon ami et moi ! Nous avions frôlé la mort au coude à coude et chacun des deux savait qu'il pouvait compter sur l'autre. Quand il est parti, ce fut comme si le monde s'écroulait une nouvelle fois.

Dès lors que je n'avais plus mon ami à mes côtés, j'ai préféré partir aussi. De toute façon, les chambrées de quarante lits, j'en avais assez.

J'ai parlé à plusieurs des monitrices qui s'occupaient de nous. À Gaby Cohen, notamment, une assistante sociale alsacienne dont le sourire nous réconfortait. Nombre d'entre nous allaient auprès d'elle chercher des raisons d'espérer et de reprendre goût à la vie. Une femme qui se penchait vers nous avec le sourire, c'était une faveur dont nous avions été privés plusieurs années durant. Comme elle ne parlait pas le yiddish, je communiquais avec elle en allemand. Je lui disais que je voulais aller à Paris. Elle répondait :

« Qu'est-ce que tu veux aller faire à Paris ?

— Je veux aller à l'hôtel Lutetia. »

Je ne savais pas très bien ce qu'était cet hôtel Lutetia, mais j'avais appris qu'on y accueillait des survivants et qu'y étaient affichées tous les jours des listes de déportés et des messages avec les coordonnées de ceux qui recherchaient un disparu.

J'espérais plus ou moins y retrouver la trace de ce cousin communiste appelé David Bulwa, que mon père avait aidé à fuir la Pologne avant la guerre. David était supposé vivre en France. Mais le contact ne s'est pas établi à ce moment-là. Ce serait pour plus tard.

Au Lutetia, il y avait aussi la possibilité d'obtenir un peu d'argent, les quelques francs dont nous avions grandement besoin. Gaby m'écoutait exprimer mes désirs, et se montrait compréhensive.

Elle et d'autres membres de l'OSE s'étaient déjà occupés de faire paraître les noms des quatre cent vingt-six enfants revenus de Buchenwald dans les journaux yiddish de Paris, dans la *Naïe Press* notamment qui avait recommencé de paraître, et dont les colonnes faisaient beaucoup de place à la solidarité avec les familles séparées et spoliées. C'est alors qu'une lettre m'est parvenue.

Ce courrier était signé de la main d'une madame Marie Deluze, *née Bulwa*, qui était établie à Paris. Ayant lu mon nom sur une liste de rescapés, elle s'était dit que nous devions être parents. Était-ce un signe ? Une chance à saisir ? J'avais toujours en tête de chercher comme destination un autre pays que la France, mais je voulais aussi quitter ce dortoir. Et Lolek n'était plus là. J'ai décidé d'aller à Paris rencontrer cette femme qui avait porté jeune fille le même nom que moi.

Marie Deluze disait habiter rue de Saintonge. C'était « près de la République ». L'assistante sociale Gaby Cohen a bien voulu m'y accompagner. Mais il faudrait faire un détour avant d'aller à République car elle devait aussi présenter un de mes camarades à une autre famille qui résidait à Lamarck-Caulaincourt.

Le temps que Gaby aille présenter mon camarade à cette famille, j'ai attendu à l'entrée du métro, au pied des escaliers de Montmartre. Je respirais soudain une atmosphère nouvelle. Les façades étaient élégantes. Il y avait des arbres en fleur en haut des marches. Tout était animé et vivant en cette journée d'été. J'avais à l'épaule mon sac de marin, le ballot avec lequel j'avais quitté le camp, et qui contenait tous mes biens.

J'imagine pourtant que ma silhouette famélique ne passait pas inaperçue. En tout cas, elle a attiré l'attention d'un policier en maraude qui s'est approché et m'a demandé mes papiers. Je n'avais d'autre document d'identité que ma carte de prisonnier retrouvée dans les archives du camp après l'arrivée des Américains. De toute façon, je ne parlais pas un mot de français. Je pensais deviner ce que ce policier me voulait, mais sans être sûr de rien. Et je me sentais excessivement nerveux. Lorsque vous avez traversé l'enfer nazi, vous avez très peur d'y être précipité à nouveau et la vue d'un être sévère portant l'uniforme représente en soi une menace.

Le policier pointait maintenant le doigt vers mon sac. J'ai posé le sac par terre. Il m'a ordonné par geste de l'ouvrir. J'ai refusé en secouant vigoureusement la tête de droite à gauche. Comme il me prenait sûrement déjà pour un voleur, ce refus d'obtempérer n'a fait qu'exciter ses soupçons. Il s'est mis en devoir d'ouvrir le sac lui-même. Et bien sûr, il est tombé sur la baïonnette nazie ! Un dialogue de sourd s'est engagé. J'ai cru comprendre que le policier avait l'intention de m'emmener au commissariat. En tout cas, il m'ordonnait de le suivre.

Pourquoi Gaby Cohen mettait-elle si longtemps à revenir ? Un homme s'approchait, intrigué par l'incident. Il parlait allemand et français. Il m'a laissé entendre qu'il était « hongrois ». J'ai supposé que c'était un Juif de Hongrie, d'après son accent et son attitude. Un instinct lui avait soufflé que j'avais besoin d'aide. Il s'est mêlé à la discussion en s'offrant pour jouer les interprètes.

Ayant écouté mes explications, il a dit à l'agent de police que j'étais un jeune déporté arrivant de Buchenwald. Ce nom était connu des Français : il avait circulé dans la presse et à la radio lors de notre retour, et surtout quand les prisonniers politiques français rentrés d'Allemagne avaient atterri à l'aéroport du Bourget.

Mais le policier ne voulait plus en démordre : à cause de la baïonnette, sans doute, il estimait que le passage par le commissariat était indispensable. C'est alors que j'ai vu Gaby Cohen descendre en courant le grand escalier. Avec l'aide du Hongrois, elle a réussi à plaider ma cause auprès de l'agent, en arguant du fait que j'étais en France pour y être protégé...

À ma très grande surprise, le policier s'est laissé fléchir. De sorte qu'après avoir salué le Hongrois j'ai pu me diriger vers le métro dans les pas de Gaby.

*

À République, nous avons rencontré cette Marie Deluze qui m'avait écrit. Deluze était un nom francisé, comme d'ailleurs le prénom Marie qui était une interprétation française de *Mania*. Le nom d'origine était *Dluzniewski*. C'était celui de son mari, un maroquinier prénommé Henri en français, et dont le prénom yiddish était *Heneck*.

Comme nombre de Juifs originaires de Pologne, ils étaient communistes, surtout Henri qui militait très activement. Ils étaient allés jusqu'à déclarer leur petit dernier sous le double prénom de Paul-Vaillant, en hommage à Paul Vaillant-Couturier, écrivain et dirigeant communiste mort en 1937, quelques mois avant la naissance du petit garçon.

Henri et Marie avaient aussi deux grandes filles. Tous les cinq avaient échappé à la déportation d'extrême justesse en franchissant la ligne de démarcation en juillet 1942, grâce aux réseaux de résistance auxquels appartenait Henri.

Cet Henri Dluzniewski, désormais Deluze, était arrivé en France avant la guerre et il m'a raconté qu'à l'époque, un jour qu'il s'était perdu dans Paris, il avait demandé son chemin à un agent de police qui l'avait salué avant de lui répondre ; Henri, stupéfait d'être respecté par un représentant de la loi, en avait pleuré d'émotion sur le trottoir. Je lui ai dit que j'avais moi aussi rencontré un policier bienveillant, pas plus tard que le jour même.

Si Henri avait pleuré, c'est qu'il avait un cœur, mais j'ai compris très vite que ce cœur battait dans la poitrine d'un tyran domestique. En fait, il se montrait dur avec tout le monde, particulièrement avec sa femme qui pourtant était la tendresse incarnée. Selon moi, cet homme était un bourgeois dans le corps d'un communiste. Plus tard, quand il m'a proposé de m'apprendre la maroquinerie, j'ai dit non. J'avais été suffisamment tyrannisé depuis l'âge de dix ans ; je préférais fuir les personnalités trop autoritaires.

Leur deuxième fille, la petite Denise, âgée de quatorze ans quand je l'ai connue, était aussi exquise que sa mère. Elle racontait avoir échappé *in extremis* à la rafle du Vél' d'Hiv' : elle se trouvait rue de Bretagne, près de la mairie du IIIe, prête à monter dans un bus en partance pour le Vel' d'Hiv', quand un des policiers qui surveillaient l'opération, ayant reconnu la fillette, lui avait ordonné sans ménagement de rentrer chez elle. Dès le lendemain, elle avait passé avec les siens la ligne de démarcation. Puis elle avait continué de grandir cachée en province, d'abord dans un couvent puis chez des paysans dont le chef de famille avait abusé d'elle, quand bien même il avait contribué à lui sauver la vie.

Tels furent mes premiers contacts avec la vie française. Je commençais à prendre conscience de certaines différences entre les pays. Je voyais par exemple que, si les Juifs avaient été martyrisés ici comme dans le reste de l'Europe, tous n'avaient pas été exterminés ; certaines rencontres s'étaient révélées possibles avec des personnes dont le premier souci n'était pas de collaborer avec les Allemands.

Voyant que je ne voulais pas rester sous la coupe d'Henri, Marie Bulwa-Deluze et sa sœur Hélène – ou *Hindl* – m'ont orienté vers des tapissiers établis au 79 avenue Ledru-Rollin, en plein quartier des artisans et fabricants de meubles. Il y avait là leur sœur aînée Léa, une femme elle aussi bonne et douce, et son mari *Pinkus*, dit Félix.

Installé sur plusieurs étages, cet artisan fort talentueux du nom de Taubmann régnait sur un petit empire composé d'une quinzaine d'ouvriers et des trois générations de sa famille. Lui-même ancien ouvrier, il couperait le tissu et manierait le marteau jusqu'à la veille de sa mort. Serré dans une éternelle blouse blanche, il évoluait d'un étage à l'autre, passant de l'atelier où il contrôlait la fabrication des fauteuils, à la cuisine où il goûtait les sauces préparées par sa femme en vue d'un dîner qui bien souvent réunissait des tablées considérables.

Patriarche impressionnant, il me rappelait ces Juifs embourgeoisés de Pologne dont le destin avait été, là-bas, de finir dans les chambres à gaz, au même titre que les plus miséreux. Il était probablement le seul de sa génération à ne pas adhérer aux idées communistes. Lui ne jurait que par Blum et Mendès France. Et la famille s'amusait de la relation parfois orageuse qui l'unissait à son beau-frère Henri.

Tout comme Peppone et Don Camillo, ces deux-là formaient un couple d'inséparables frères ennemis. Leurs parties de belote s'achevaient toujours par des prises de bec homériques : Félix reprochait à Henri les crimes de Staline, et Henri interpellait Félix sur les massacres de civils perpétrés en Corée par les Américains.

Mais l'immeuble abritait aussi des tapissiers de moindre envergure, comme Camille Bulwa, frère de Léa, Hélène et Marie, un homme que le riche et puissant Félix avait aidé à s'installer en France, comme il l'avait fait d'ailleurs pour les autres Bulwa. C'est à lui, Camille, que je fus bientôt présenté. Il habitait ce même immeuble, avenue Ledru-Rollin, mais son l'atelier était rue du Faubourg-Saint-Antoine.

« Camille », c'était bien sûr, une fois de plus, un prénom francisé. Son « vrai » prénom était *Kalman*, prononcé *Kalmo* en yiddish. Marié à une petite femme effacée, il avait une fille d'un peu plus de vingt ans, Anna, et un fils, Abel, qui travaillait avec lui tout en habitant ailleurs. Camille aussi était communiste.

Il y avait là, manifestement, une tradition familiale bien ancrée. Et qui devait perdurer car une de ses petites-filles, militante d'extrême gauche, partirait soutenir la révolution à Cuba dans les années 1960, y ferait sa vie, épouserait un militant castriste et accéderait plus tard, avec son mari, au rang de dignitaire du régime !

Cela n'était pas pour me surprendre car l'idéologie communiste était très présente dans mon existence depuis que j'étais passé par ce camp « politique » qu'était Buchenwald. Toutefois, mes sentiments personnels me portaient plutôt vers un socialisme plus *soft*, celui du Bund au sein duquel mon père avait milité.

Quoi qu'il en soit, nous avons constaté, Camille et moi, que si nous portions le même patronyme, nous n'avions pas de liens familiaux. De toute façon, il me recevait chez lui principalement parce qu'il recherchait quelqu'un pour l'aider dans son atelier. Quant à moi, j'avais seize ans, j'étais affaibli et traumatisé par six années passées dans des violences et des privations que personne n'oserait même imaginer, mes parents, mon frère et mes grand-mères étaient morts assassinés, et je trouvais bizarre de me retrouver à discuter avec un Bulwa de Paris, un adulte habité par des soucis tout à fait normaux, qui ignorait tout des Bulwa de Pologne, et dont la principale préoccupation, sur le moment, était de trouver un apprenti pour l'aider à habiller ses fauteuils...

Grâce à l'argent qu'ils avaient économisé avant la guerre, ces Bulwa avaient réussi à survivre dans la région de Lyon pendant toute l'Occupation ; encore une fois, je voyais que si les choses n'avaient pas été faciles pour eux, leur expérience ne pouvait être comparée avec ce que les Juifs avaient subi en Pologne. *Heureux comme Dieu en France !* disaient les Juifs de Paris quand ils se retrouvaient au café. Peut-être les proverbes véhiculent-ils une part de vérité...

J'ai passé presque un an chez Camille Bulwa, à apprendre le métier de tapissier. Les conditions n'étaient pas favorables à ma réintégration dans la vie normale, s'il existe une vie normale pour les victimes de la Shoah. D'abord, l'atmosphère de la maison ne me plaisait pas. L'appartement sur cour qu'ils avaient retrouvé à leur retour de Lyon était minuscule : deux petites pièces. La femme de Camille ne savait pas tenir une maison. Le ménage n'était pas son fort. Le peigne traînait sur la table à côté du beurre, comme on dit en Europe centrale. Et Camille lui-même, un gros fumeur, laissait partout ses bouts de mégots...

Ensuite, le boulot était dur, alors que je n'étais pas vraiment en état de travailler. J'avais pour patron un communiste avare qui me payait une misère ! Il fallait respirer toute la journée les poussières émanant du mauvais crin venu d'Afrique dont il se servait pour bourrer ses fauteuils et ses canapés.

Enfin, nous devions nous entasser à quatre dans un logement trop petit ; or je n'en pouvais plus, des espaces étriqués et de la promiscuité.

Dans mes rêves, je repensais avec un chagrin immense à l'appartement où j'avais vécu en Pologne jusqu'à l'âge de dix ans, un intérieur modeste mais confortable et bien tenu, et qui surtout avait eu le précieux avantage d'être un *chez-soi*, plaisir que je n'avais plus jamais connu entre dix et seize ans.

Même dans mon état civil, je ne serais bientôt plus chez moi puisque j'ai renoncé durant cette période à mon prénom de naissance, Aron, pour m'appeler Armand. Les Bulwa en avaient voulu ainsi. L'épouse de Camille m'avait dit à mon arrivée chez eux :

« Aron, ça ne va pas. On va t'appeler Arnaud. »

Mais Arnaud ne me plaisait pas beaucoup. Et je fus finalement baptisé Armand ; c'est le prénom que je porte, ou qui me porte, aujourd'hui encore dans la vie courante, tandis qu'Aron continue de figurer sur mes papiers.

Je ne veux pas jeter la pierre à Camille Bulwa qui était un homme bon, en dépit de ses défauts. Une partie de son originalité tenait à son assimilation à la société et même, dirai-je, à la *culture populaire* française. Par exemple, il possédait à Vigneux, en banlieue parisienne, un cabanon avec un étang où il aimait pêcher la carpe et le gardon, ce qui représentait une curiosité aux yeux de tous les Bulwa et apparentés de Paris, ces gens encore marqués par des habitudes de vie propres à l'Europe centrale, très éloignées en tout cas du folklore hexagonal et du style guinguette et congés payés.

Le couple de mes employeurs et logeurs occupait l'une des deux chambres de l'appartement, tandis que je devais partager l'autre avec Anna, leur fille, qui était un vrai numéro et qui, je ne sais pour quelle raison, avait jeté son dévolu sur moi. Eux-mêmes, les Bulwa, s'étaient mis en tête que nous formerions un couple charmant. Ils nous voyaient déjà mariés ! De sorte que j'avais le sentiment de subir, en plus du reste, un vrai complot familial.

Anna déployait pour me séduire des efforts choquants. Elle s'exhibait devant moi sans le moindre vêtement sous prétexte de faire sa toilette, sachant pertinemment que la nudité, pour un très jeune homme juif venu d'un autre monde, était une épreuve difficile à gérer. Elle se maquillait outrageusement, elle se couvrait de parfum, puis elle insistait pour que nous sortions ensemble après le travail à l'atelier.

On descendait vers Bastille par le faubourg Saint-Antoine. Dès que nous arrivions dans la rue, je m'apercevais qu'elle connaissait des quantités d'hommes qui lui couraient après, avec qui elle blaguait interminablement sur le trottoir, et dont certains n'hésitaient pas à fourrer leurs pattes dans son soutien-gorge pendant qu'elle riait aux éclats !

Je n'avais jamais rien vu de tel durant ma petite enfance en Pologne où les femmes en général savaient se tenir – et où celles qui ne faisaient pas cet effort appartenaient à une catégorie bien spécifique…

À mon arrivée chez eux, elle avait tout de suite voulu que nous allions ensemble au défilé du 14 Juillet. En cette année 1945, on avait dressé la tribune officielle non pas à la Concorde mais place de la Bastille, et la cérémonie avait pris des allures de cortège populaire.

Anna avait insisté pour que je défile dans mon costume de bagnard ramené de Buchenwald ! J'avais bien voulu lui faire ce plaisir et nous étions partis, elle coiffée, parfumée, maquillée, décolletée et moi, dans le pyjama à rayures ramené de Buchenwald avec la fameuse baïonnette.

Tout le monde me regardait bien évidemment. Il y avait d'autres survivants dans la foule mais un garçon si jeune… Pourquoi portait-il un vêtement de prisonnier ? Avait-il survécu aux camps de la mort ou était-ce le costume d'un parent déporté ?

Ce qu'ils ne pouvaient voir, ce que je ne faisais que soupçonner alors, ce que je sais aujourd'hui avec certitude puisque j'en ai fait depuis analyser l'étoffe, c'est que cet uniforme était tissé en partie avec du fil, comme n'importe quel autre, mais en partie aussi avec les cheveux de prisonniers tondus avant d'être assassinés dans les camps.

Anna : je revois les marques que laissaient sur le bord de sa tasse, quand nous allions au café, ses lèvres surchargées de rouge. Aujourd'hui encore, j'en suis écœuré ! Malheureusement, la scène fait partie des souvenirs guère heureux que je garde de cette année-là, ma première année en France.

Au final, le seul point positif, chez Camille et les siens, c'était que nous avions à manger. J'avais tellement souffert de la faim pendant cinq ans que je vivais comme un don du ciel le fait d'avoir droit à mes trois repas par jour. Pourtant, maintenant que j'y repense, je suis resté attaché à cette constellation familiale des Bulwa de Paris, et aujourd'hui encore, quand je passe avenue Ledru-Rollin, je ne puis m'empêcher de lever les yeux avec des sentiments mêlés vers les étages du patriarche Taubmann, d'avoir une pensée pour le minuscule appartement sur cour de Camille, où régnait une odeur de mégot.

Ces sorties avec Anna étaient un peu ma seule distraction. Le reste de mes journées n'était fait que de travail. Camille et sa femme recevaient peu. Ils ne sortaient pas, ne voyaient pratiquement personne et, quand ils me présentaient quelqu'un, ce n'était pas toujours une expérience agréable. Une de leurs connaissances m'a fait une fois une observation blessante : « Tous ceux qui s'en sont sortis, c'est qu'ils ont tué les autres ! »

Il est vrai que la femme qui a tenu ce propos avait vu sa propre fille partir en déportation pour ne jamais revenir. N'empêche : ce genre de remarque vous jette dans un chagrin terrible. Je n'avais tué personne. En revanche, toute ma famille avait été tuée par les nazis. Mais les gens, bien souvent, ne participent à une discussion autour d'un café que pour sortir des généralités de ce type, des méchancetés venues on ne sait d'où ; il était rare en tout cas qu'ils soient assez curieux pour *écouter* simplement ce que les survivants avaient à dire, pour vouloir *apprendre* ce qui s'était réellement passé en Pologne.

Mes employeurs pouvaient aussi être invités quelquefois chez d'autres membres de la famille Bulwa de Paris, des cousins. Ils se réunissaient notamment pour le thé avec des tailleurs du Ve arrondissement qui avaient une fille, Suzanne, avec laquelle je passais des moments agréables. C'était enfin l'occasion d'un bon dimanche après-midi qui hélas s'achevait trop vite.

L'hiver fut particulièrement rigoureux : les gens skiaient sur les Champs-Élysées que recouvraient quarante centimètres de neige. Puis de fortes chaleurs sont arrivées dès avril. Un an après mon arrivée en France, j'étais toujours fatigué, j'avais du mal à récupérer physiquement, et il n'était pas facile d'avoir des nouvelles des amis qui commençaient à s'éparpiller un peu partout dans le monde, ces camarades avec lesquels j'avais partagé une expérience que personne avant nous n'avait connue, ces frères de déportation avec qui je continuais d'avoir besoin de parler.

Quand l'été est venu, mon état de santé s'est encore dégradé : le crin du tapissier me donnait de l'asthme. Et j'étais déprimé par ma situation chez Camille, par le manque d'argent et de perspectives.

Je savais que l'OSE, depuis la fin de la guerre, avait établi son bureau central dans un hôtel particulier du XVIe arrondissement, rue Spontini exactement. Je suis allé frapper à leur porte, et j'y ai retrouvé ce même mélange de Juifs que j'avais observé à Écouis à mon arrivée en France : des Juifs russes, des Juifs alsaciens, pratiquants et non pratiquants, des socialistes du Bund, des libéraux, des sionistes – il semblait y avoir autant de façon d'être juif que d'individus, et j'avais l'impression que cette diversité me rapprochait de mon milieu « naturel » tel que je l'avais connu en Pologne.

Ayant trouvé un responsable, je lui ai dit que j'étais malade. C'était vrai : la poussière de l'atelier chez Camille me faisait tousser. Mais j'ai tout de même un peu forcé la dose, car je voulais vraiment trouver une solution pour m'en aller de Ledru-Rollin. C'est ainsi qu'il me fut proposé un séjour en maison de santé. Après ce qui s'était passé, certains adolescents avaient vraiment besoin d'être envoyés au grand air pour altération de leur état général. Il fallait leur permettre de récupérer grâce à un régime de repos et de vitamines : c'est précisément ce dont j'avais besoin.

Les premières vacances de ma vie, pour ainsi dire, je les ai passées au préventorium d'Aulus-les-Bains, en Ariège. Il fallait encore dormir en dortoir mais je pouvais enfin respirer, être libre de moi-même et contempler de merveilleux paysages sans avoir une épée de Damoclès au-dessus de la tête.

Je me sentais seul car j'avais de la peine à échanger avec les gens de mon âge. Comme tous les gosses tyrannisés par les nazis, j'étais passé directement de l'enfance à l'âge adulte, du cocon familial à la lutte pour la survie.

Du coup, quand j'étais avec les autres, je ne savais trop de quoi parler. Nos préoccupations n'étaient pas les mêmes : eux n'avaient pas perdu leurs parents.

En outre, la guerre ne se laissait pas oublier puisque la commune d'Aulus, sur laquelle se trouvait l'établissement de soin, avait été marquée par une tragédie. On y avait regroupé plusieurs centaines de Juifs d'Europe centrale, des étrangers indésirables qui s'étaient retrouvés répartis dans des hôtels désaffectés, des fermes ou encore chez des particuliers. Les plus chanceux avaient réussi à fuir vers l'Espagne à temps grâce à des passeurs qui ont reçu par la suite la médaille des Justes ; mais beaucoup sont restés jusqu'à ce que les Allemands décident d'en finir avec eux. Plusieurs rafles furent organisées. On réquisitionna des cars. Ces malheureux furent expédiés d'abord au camp du Vernet, toujours dans l'Ariège, puis à Auschwitz qui était comme d'habitude la fin du voyage.

Après Aulus, j'ai changé de département pour aller à Moissac où je suis resté jusqu'à l'automne, à faire les vendanges avec les Éclaireurs israélites. Moissac s'était distingué d'une autre manière qu'Aulus puisque des religieuses y avaient protégé et finalement sauvé plusieurs dizaines de jeunes filles juives qui sans leur secours auraient à coup sûr fini dans les fours crématoires.

Je continuais en somme de découvrir cet aspect de la France : les récits concernant la guerre et l'occupation allemande faisaient toujours ressortir deux types de comportements humains. Certains Français n'avaient rien eu de plus pressé que de dénoncer les Juifs et rendre service à l'envahisseur, tandis que d'autres, en revanche, avaient aidé les réfugiés à se tirer d'affaire, souvent au péril de leur vie.

En Pologne, je n'avais pas le souvenir d'un homme ou d'une femme ayant jamais pris le moindre risque pour rendre service à un Juif ; et je sais très bien que c'était la même chose en Ukraine, en Moldavie et dans les pays d'Europe centrale en général où, bien avant la guerre déjà, sinon depuis toujours, sévissaient les pogroms, le mépris et les persécutions.

Encore une fois, en disant cela j'exprime un sentiment personnel, d'ailleurs partagé avec mes amis déportés. Nous savons aujourd'hui que Yad Vashem a recensé près de 7 000 Polonais distingués comme « Justes parmi les nations » et un peu plus de 4 000 Français. Vu la proportion des communautés juives établies dans ces deux pays avant guerre, il semble bien qu'un Juif pourchassé par les nazis avait cinq fois plus de chances de croiser la route d'un Juste en France qu'en Pologne.

*

L'événement important qui a marqué la fin de mon séjour dans le Sud-Ouest de la France, c'est une lettre. Ce courrier, que je possède encore, était signé de Suzanne Bulwa, la jeune femme un peu plus âgée que moi que j'avais rencontrée deux ou trois fois dans le Ve arrondissement. Son père était donc un cousin de Camille et lui non plus n'avait aucun lien de parenté avec les Bulwa de Pologne, *mes* Bulwa.

Cette jeune femme de vingt ans portait un joli prénom français qui était, comme si souvent chez les Juifs, le fruit d'une erreur d'état civil. Ses parents avaient choisi de l'appeler Sarah, prénom qui en yiddish se prononce *Souréh*. Le fonctionnaire français, rebuté par un effort orthographique trop exigeant, avait décidé de son propre chef que ce ne serait pas *Souréh* mais Suzanne. Sans le savoir, il avait rendu un fier service à un bébé qui aurait, quinze ans plus tard, à traverser l'Occupation, période durant laquelle il était plus sûr de n'avoir pas sur ses papiers un prénom imprononçable…

Lorsque nous nous étions vus chez ses parents, nous avions pu échanger, et elle m'avait parlé en détail des étudiants en médecine polonais qu'ils hébergeaient avant guerre. C'étaient des jeunes gens assez pauvres, des fils d'ouvriers et d'artisans dont la famille se saignait pour les envoyer étudier à Paris.

Il était très difficile à un jeune Juif de faire des études de médecine en Pologne du fait du *numerus clausus* qui limitait drastiquement le nombre d'« Israélites » sur les bancs de la faculté. Mais, une fois à Paris, ils disposaient de très peu de ressources et devaient compter sur la « yiddish connection » pour bénéficier d'un peu de solidarité.

C'est ainsi que Suzanne avait vu plusieurs de ces étudiants manger et dormir quelquefois chez ses parents. Elle se souvenait qu'ils se levaient de très bonne heure car, pour se faire un peu d'argent, ils allaient à cinq heures du matin frotter les parquets du BHV !

Son histoire m'avait fortement intéressé et je lui avais expliqué dans mon français improbable que j'aurais pu être moi-même un de ces étudiants si j'étais né dix ans plus tôt car les Juifs polonais, avant la guerre, se mettaient souvent en tête d'avoir un fils médecin ou avocat, et que c'était justement le cas de mes parents.

Suzanne avait des yeux sombres et de beaux cheveux noirs, et j'avais compris, lors de nos brefs entretiens, qu'elle s'intéressait à mon sort, comme je m'intéressais à elle et à son histoire dans Paris occupé.

Pourtant je fus surpris de recevoir une lettre d'elle. Apparemment, elle avait interrogé Camille et sa femme pour avoir de mes nouvelles ; ils avaient répondu d'un air mécontent que j'avais cessé de travailler pour eux et que l'OSE m'avait envoyé en maison de repos.

« En maison de repos ? Où ça, en maison de repos ?

— À Aulus-les-Bains. »

Ils ne connaissaient pas l'adresse du sanatorium et d'ailleurs ne voulaient pas la connaître. Suzanne, qui était non seulement gentille mais très débrouillarde, l'avait obtenue en s'informant directement auprès de l'OSE.

Elle disait dans son courrier que ses parents, qui étaient tailleurs, avaient besoin d'un apprenti et qu'ils pourraient me former au métier. Je me rappelais que la mère de Suzanne se prénommait Chawa et son père, Joseph.

Ce dernier était infirme. Il souffrait d'une spondylarthrite ankylosante. Son corps était pratiquement à angle droit et il se déplaçait difficilement. Les autres Bulwa l'appelaient « le vieux Bulwa » alors qu'il n'était pas âgé du tout. En fait, il traînait cette maladie depuis fort longtemps puisqu'il avait fait des cures dans des villes d'eau au temps où il vivait en Pologne. C'était d'ailleurs une des raisons pour lesquelles ces Bulwa-là avaient renoncé à fuir Paris à l'arrivée des Allemands, et préféré s'en remettre à la chance – une chance qui avait un nom : Suzanne puisque leur fille s'était tellement dévouée pour les protéger qu'elle leur avait permis d'éviter toutes les rafles, certes de justesse.

Je suis rentré à Paris à l'automne 1946, dix-huit mois après la libération de Buchenwald, quinze mois après mon arrivée en France. J'étais désormais retapé – l'air des Pyrénées, sans doute, et la riche nourriture du

Sud-Ouest. J'avais surtout un meilleur moral. L'OSE avait décidé de me verser une petite pension et je n'étais pas fâché d'avoir tourné la page Ledru-Rollin. Mon premier geste fut de reprendre contact avec Suzanne puisqu'elle m'avait écrit si gentiment, en son nom et au nom de ses parents.

Elle s'est montrée ravie de mon retour. Elle m'a trouvé bonne mine. Le survivant de Buchenwald avait repris des couleurs et je devais commencer à ressembler à un jeune gars de dix-huit ans qui avait envie de se construire un avenir.

Mon français s'améliorait un peu, même si je demeurais incapable d'exprimer dans cette langue, avec toutes les nuances nécessaires, les horreurs que j'avais vécues, sans parler du vide que l'on ressent en permanence quand on a perdu la totalité de sa famille.

Cependant Suzanne m'aidait pour la langue. Elle corrigeait mes fautes. Elle me trouvait d'ailleurs plutôt bon élève. J'apprenais vite, disait-elle. Je parlerais bientôt couramment, il suffisait de prendre des cours.

Ses parents, Joseph et Chawa Bulwa, habitaient 34 rue du Fer-à-Moulin, près de Mouffetard. Ils avaient passé la guerre à Paris. Au début, ils avaient joué avec le feu en refusant de quitter leur domicile alors que les Allemands et la police venaient à épisodes réguliers rafler les Juifs inscrits sur leurs listes. Muets, calfeutrés dans leur appartement dont ils avaient coupé le compteur électrique, ils entendaient la concierge répondre dans la cour aux questions de ces messieurs :

« M. et Mme Bulwa ? Non, ils n'habitent plus l'immeuble. Ils sont partis. Où ? Mais comment voulez-vous que je le sache ? »

Les policiers et les Allemands s'en allaient, peu convaincus sans doute. En haut, les Bulwa poussaient un soupir de soulagement. Mais le répit était de courte durée. Ils allaient devoir continuer de se terrer chez eux avec leur fille, Suzanne, qui était une adolescente à ce moment-là, quasi une enfant. Vivre caché, vivre dans la peur jour après jour, en s'isolant des autres de crainte d'être trahis…

En Pologne, dans la même période, les Allemands avaient lancé leurs tristement célèbres *aktionen* et les quelques Juifs qui ont réussi à y échapper, un pourcentage infime, sont ceux qui ont trouvé Dieu sait où la force de rester planqués des mois durant dans des caves, des greniers, des réduits sans lumière, infestés de nuisibles.

Les parents de Suzanne avaient subi un sort moins dur mais dont la finalité était la même : arrestation, déportation, extermination. Et l'étau bien sûr ne cessait de se resserrer. Ils avaient finalement échappé de justesse à une rafle qui s'était produite le soir même de leur départ, au cours de laquelle la porte de l'appartement, cette fois, avait été forcée.

Ayant décidé que cette vie n'était plus supportable, ils étaient partis pour le XXe arrondissement où ils avaient élu domicile dans une chambre sans confort habitée avant la guerre par leur fille ainée, Rachel. C'est Suzanne elle-même qui avait tout organisé. Elle avait sauvé son père et sa mère qui avaient eu la bonne fortune, grâce à elle, de pouvoir rester dans cette planque jusqu'à ce jour d'août 1944 où la concierge avait grimpé les étages pour venir frapper à leur porte et leur dire : « Vous pouvez sortir maintenant. C'est fini. »

Ils n'avaient jamais parlé auparavant à cette femme qui avait compris la situation, et l'avait gérée discrètement.

S'ils n'avaient pas eu leur fille adolescente pour veiller sur eux et les protéger, leurs noms seraient très probablement gravés aujourd'hui dans la pierre au mémorial de la Shoah.

Joseph et Chawa Bulwa m'ont proposé de me donner du travail et de m'installer chez eux. Ils avaient un logement de deux pièces avec une petite cuisine. Les parents dormaient dans une alcôve et Suzanne, sur un lit pliant. L'atelier était dans l'appartement. Il y aurait une chambre pour moi chez une voisine du troisième étage.

À mon retour des Pyrénées, j'avais eu l'intention de retourner à Écouis, mais continuer de dépendre de l'OSE n'était pas une solution. Voilà que l'on m'offrait de devenir tailleur, comme mes parents… La perspective ne m'emballait pas beaucoup. J'avais rêvé de faire médecine.

Hélas, si j'avais suivi jusqu'à l'âge de dix ans l'école élémentaire polonaise et le heder, je n'étais pas allé jusqu'à la yeshiva et mes études secondaires avaient été remplacées par le ghetto, les camps de travail et, pour finir, Buchenwald. Donc, pour médecine, c'était trop tard. Et qui aurait payé ? L'OSE faisait marcher la solidarité internationale, mais de là à financer dix années d'études…

Je songeais à mon ami Lolek : lui au moins avait retrouvé un oncle qui était prêt à l'aider et grâce auquel, en effet, il pourrait un jour s'inscrire en médecine. Ce n'était pas mon cas. Des quatre-vingts personnes qui avaient composé ma famille avant la guerre, quatre seulement avaient survécu – dont moi – et aucune n'avait les moyens de faire œuvre utile.

La vérité, c'est que j'avais beaucoup réfléchi lors de mon arrivée en France, puis au préventorium où je n'avais pas grand-chose à faire. J'avais le sentiment d'avoir vécu des événements historiques inédits. De tout temps, les hommes s'étaient fait la guerre. Depuis toujours les armées envahissaient des territoires ennemis, faisaient des prisonniers, laissaient derrière elles des champs de ruines.

Mais ce que nous avions vécu avec mes camarades, Lolek, David et les autres, c'étaient des circonstances qui allaient au-delà de ce que décrivaient les livres d'histoire. Ce que les nazis avaient fait niait l'essence même de l'humanité. Quand vous développez une entreprise industrielle, rationnelle, organisée, dont la finalité est de pousser des enfants dans des chambres à gaz, vous sortez de ce qui est proprement humain, et même d'une définition de la guerre. C'est d'autre chose qu'il s'agit.

En ce qui me concerne, j'aurais voulu pouvoir crier, hurler même ce que nous avions vécu. Après tout, nous étions des enfants qui avions traversé les yeux grands ouverts un épisode singulier de l'histoire du monde.

Était-il si urgent de nous mettre au travail, comme si nous étions de jeunes adultes pareils à tous les autres ? Ne valait-il pas mieux entendre nos témoignages ? Mais j'ai bientôt compris, dans ces années qui suivaient la Libération, que personne n'avait trop envie de nous écouter. D'abord, parce que tout le monde avait souffert de la guerre : chacun avait le souvenir des privations, du rationnement, des disparitions, des otages fusillés et des mille injustices qui émaillent l'existence dans ces moments-là.

Les camps de la mort étaient encore regardés par beaucoup comme un élément d'un puzzle immense appelé Seconde Guerre mondiale, non comme un fait vraiment spécifique.

Et puis, une autre raison poussait peut-être les uns et les autres à détourner les yeux de nos visages : personne n'avait envie d'entendre des choses si peu ordinaires, des choses si honteuses qu'elles donnent à chacun une image odieuse de sa propre humanité.

Voilà pourquoi je me suis finalement résigné à travailler moi aussi. Après avoir appris le métier de tapissier dans une première famille Bulwa, j'apprendrais celui de tailleur dans une autre famille Bulwa qui, elle non plus, ne m'était pas apparentée...

Bien sûr, le sourire et la gentillesse de Suzanne ont joué un rôle déterminant dans ma décision de rester rue du Fer-à-Moulin et de devenir tailleur, comme naguère mes parents.

Jusqu'à l'âge de dix ans, j'avais grandi dans la compagnie des tissus – les fameux *shmattès* si importants dans la culture juive et les histoires yiddish – et des machines à coudre. Là encore, je me suis montré bon élève. J'ai bientôt travaillé à façon. Je réalisais des vêtements toute la journée. À la fin de l'après-midi, je courais à l'Alliance française, boulevard Raspail, suivre une heure de cours pour améliorer ma langue. Après l'Alliance française, je rentrais en vitesse car il fallait repasser le travail du jour.

Bien sûr, Joseph Bulwa était dur avec moi. Il me payait mal. Pour être honnête, il nous exploitait, Suzanne et moi, avec la bénédiction de sa femme. D'un autre côté, je commençais à m'habituer à ce qui finalement était depuis des siècles le quotidien de tant de Juifs d'Europe : couper, coudre et repasser des habits du matin au soir. Et surtout, un événement est rapidement venu illuminer ma vie : l'amour.

Car Suzanne et moi commencions à être épris l'un de l'autre.

C'était une jolie femme pleine de volonté, comme je l'ai dit, et qui ne demandait qu'à me donner la tendresse dont le sort m'avait privé depuis l'âge de dix ans. Nous parlions ensemble des années de guerre dont le souvenir était encore si frais dans nos cœurs. C'était une façon, sans doute, de nous purger de tout ce que nous avions enduré comme souffrances, elle responsable de ses parents dans Paris occupé et moi, jeune prisonnier dans les camps.

Peu à peu, le lien entre nous se renforçait, ce qui n'allait pas sans poser problème. Car nous vivions à Mouffetard pratiquement sous le même toit sans avoir le droit d'être un couple !

Les parents de Suzanne avaient compris qu'il y avait anguille sous roche. Chawa évitait de nous laisser seuls, Suzanne et moi, car elle voyait déjà cette idylle d'un mauvais œil. Elle disait à sa fille : « Ce n'est pas l'homme qu'il te faut. Il est plus jeune que toi. Tôt ou tard il te laissera tomber et tu n'auras plus que tes yeux pour pleurer ! »

Suzanne était déchirée. D'un côté, elle subissait l'influence de sa mère dont elle respectait, sinon partageait le point de vue ; de l'autre, elle redoutait de me perdre. Et puis notre relation était entravée par le fait de ne pouvoir dormir ensemble. Nous étions obligés de nous cacher pour nous embrasser, ce qui nous mettait dans des états de frustration terribles.

« Le destin de l'homme, me disais-je en rongeant mon frein, est sûrement de se cacher d'autrui, même quand il ne fait rien de mal ! »

Les Juifs s'étaient cachés pendant cinq ans pour ne pas être tués, et maintenant que les nazis n'étaient plus là, il fallait se cacher encore…

Pour fuir cette réalité, nous nous abîmions dans un labeur acharné ; et souvent me revient, quand je repense à cette époque, l'image de nos quatre âmes solitaires travaillant sans relâche, chacune ruminant ses contrariétés et ses désirs inassouvis.

Le travail ne s'arrêtait presque jamais. Nous nous accordions de courtes pauses seulement, histoire d'avaler en vitesse notre bortsch polonais.

Le samedi n'était pas chômé car on ne respectait pas le shabbat dans la famille de Suzanne, ce qui ne me gênait pas puisque je ne venais pas d'une famille pratiquante. Et si nous acceptions de lever le pied le dimanche, de profiter du « jour du Seigneur » pour nous détendre un peu, c'était aussi dans le but d'éviter les commérages : si les voisins avaient entendu tourner les machines à coudre, ils n'auraient pas manqué de dire du mal des Juifs, ces gens insatiables qui font de l'argent sept jours sur sept.

*

Les choses ont continué ainsi pendant trois ans. Peu à peu, je devenais français – j'étais même honteux d'avoir un jour été polonais. Ma première demande de naturalisation date de 1947. Elle a échoué car il fallait avoir résidé cinq ans dans le pays pour qu'elle soit satisfaite. Elle ne me serait pas accordée avant 1952.

Entre-temps, je m'étais fait un grand ami, un Français du nom de Marcel Goldberg qui avait été enfant caché pendant la guerre, et dont les deux parents étaient morts dans les camps. Je gardais aussi le contact avec mes camarades de déportation. Sur les quatre cent vingt-six enfants acceptés par la France, vingt-cinq avaient choisi d'y bâtir leur vie, tandis que les autres s'étaient éparpillés de par le monde.

C'est ainsi que je continuais de voir le dynamique Willy Fogel, un ancien du block 66 devenu prothésiste dentaire – nous devions fonder ensemble l'Amicale des anciens et sympathisants de l'OSE. Bien sûr, David Perlmutter et Lolek Buzyn étaient des nôtres. Il y avait aussi Izio Rosenman qui, comme David, n'avait que huit ans à son arrivée en France. Izio avait un parcours original car, après avoir été physicien, il s'était tourné vers la psychanalyse.

Notre groupe comprenait également les frères Finkel qui étaient ingénieurs, ainsi que les frères Dymant. Albert et Charles Dymant avaient épousé deux sœurs, elles-mêmes survivantes, qu'ils avaient connues avant la guerre en Pologne. Je n'oublie pas Georges Kestenberg, qui exerçait maintenant comme représentant, non plus que Georges Jurovics qui, comme Élie, avait survécu à Auschwitz et était maintenant chauffeur de taxi.

Chaque 11 avril était l'occasion d'échanger des coups de téléphone : à cette date, qui marque la libération de Buchenwald, nous fêtions l'anniversaire de notre seconde naissance.

Avec ceux qui vivaient à Paris, nous nous retrouvions dans le *Pletzl*, le vieux quartier juif autour du métro Saint-Paul, pour manger du pickel, des foies hachés, des filets de harengs et des cornichons tirés des tonneaux. Tout en mangeant à notre faim, nous nous remémorions les années où, avec nos compagnons d'infortune, nous nous battions pour un croûton de pain, au risque d'être fusillé ou pendu.

Et voilà que nous partagions maintenant des nouvelles, assis autour d'une table chargée de bonnes choses ! Quelle chose étrange que la vie. Nous blaguions en yiddish. Autour de nous, passaient des Juifs que personne ne menaçait. Nous avions même de quoi donner la pièce à l'éternel *schnörer* des légendes qui nous tendait la main dans l'espoir d'une aumône. Tout paraissait rentrer dans l'ordre. Il n'en demeurait pas moins que le Pletzl, où vingt-cinq mille Juifs avaient vécu avant la guerre, n'en comptait plus que cinq mille…

Beaucoup d'informations circulaient entre nous. On essayait de savoir ce qu'il était advenu d'Untel et Untel. Nous tendions l'oreille aussi aux dernières nouvelles du monde. Lesquelles, en général, ne nous poussaient guère à l'optimisme. Quand on est passé par les camps de la mort, on est peu enclin à voir l'avenir en rose, on sait de quoi l'espèce humaine est capable. C'était le début de la guerre froide et nous avions le sentiment que rien, en fait, n'était terminé. Le chaos ne pouvait que survenir à nouveau.

En plus, la vie n'était pas facile à Paris. Et la France n'avait pas pour nous l'attrait de ces pays neufs où l'on pouvait se lancer dans les affaires sans rencontrer des obstacles à chaque pas, et créer librement de prospères entreprises.

De sorte que bien des discussions continuaient de rouler sur le thème : « Où aller ? » Fallait-il partir pour l'Australie ? Pour la Floride ? Nous avions tous désormais des connaissances à New York, à Miami, à Los Angeles. Était-ce mieux là-bas ? Où avions-nous une chance de pouvoir vivre tranquilles, sans être regardés comme des indésirables, sans être poursuivis par cette incroyable malédiction héritée des temps médiévaux, qui d'abord avait voulu nous isoler des autres peuples d'Europe, avant d'aboutir à la Solution finale ?

Je me rappelais avoir rempli un formulaire tout de suite après la libération de Buchenwald, quand les Alliés avaient entrepris d'évacuer les prisonniers. En face de la question : « Quelle destination souhaitez-vous ? », j'avais inscrit : « La Palestine. »

En 1948, j'ai entendu parler de l'URO, l'United Restitution Organization qui venait d'être créée pour aider les Juifs à obtenir des réparations. Le siège de cet organisme se trouvait à Londres mais des bureaux s'ouvraient dans tous les pays où nous avions été persécutés, y compris bien sûr en France.

Les liens diplomatiques entre l'Allemagne et les pays alliés étaient encore loin d'être rétablis mais le travail de compensation avait débuté. Il devait concerner des milliers de Juifs éparpillés de par le monde.

Grâce à une Mme Strauss, qui était membre de l'URO, j'ai été l'un des premiers à tenter d'obtenir une pension de déporté, et à encourager les autres à le faire. Je mettais dans cette entreprise toute ma fierté. Elle fut couronnée de succès. J'en ai profité pour lancer aussi un dossier en faveur des parents de Suzanne, et ils ont obtenu une pension à leur tour, en compensation des dommages subis pendant la guerre.

Dans l'appartement-atelier, rue du Fer-à-Moulin, nous avions l'habitude de couper les tissus et de coudre les manteaux en écoutant la radio du matin au soir, et je me rappelle avoir poussé un grand cri de joie le jour où nous est parvenue une nouvelle immense : la création de l'État d'Israël.

Mes amis savaient combien je voulais que les Juifs aient leur propre État car j'abordais souvent le sujet. Je militais même pour la cause sioniste, d'autant qu'elle épousait pour une part la cause socialiste nourrie des innombrables débats qui depuis cinquante ans traversaient les communautés juives d'Europe centrale. Je ne craignais pas de provoquer des objections, celle des Juifs communistes en particulier.

Certes, au lendemain de la guerre, l'URSS avait soutenu par opportunisme l'idée d'un État juif, et était même allée jusqu'à voter en faveur de sa création en novembre 1947 à l'Onu, pensant affaiblir ainsi l'« impérialisme britannique » au Moyen-Orient. Mais la plupart des militants communistes croyaient ou voulaient croire que les problèmes des Juifs seraient résolus par l'avènement mondial du communisme. C'était refuser de voir que les Juifs n'étaient pas moins persécutés en URSS qu'ils ne l'avaient été à l'époque des pogroms.

Ils ont dû se rendre à l'évidence, quelques années plus tard, quand ils ont constaté que des milliers de Juifs se portaient candidats pour quitter le paradis soviétique maintenant qu'ils étaient supposés avoir un pays où se rendre. Ils étaient si malheureux là-bas !

Un certain nombre d'entre eux, d'ailleurs, s'arrêtaient à Paris et nous racontaient ce qu'était la vie des Juifs de l'autre côté du Rideau de fer. Ils demandaient parfois une assistance matérielle. Ils avaient besoin d'être hébergés quelques jours, quelques semaines. Ils voulaient de l'aide pour les transports. Certains, même, n'étaient pas contre un secours financier. Nous les aidions de grand cœur, évidemment.

Les uns voyaient Israël comme une étape sur la route des États-Unis, tandis que d'autres semblaient prêts à s'établir dans ce pays tout neuf issu de l'ex-Palestine mandataire. Mais tous sans exception savaient qu'ils n'avaient rien de bon à attendre de Staline. Des années plus tard, voyant qu'Israël se développait, et que Tsahal remportait des victoires sur ses ennemis, je me suis dit que je n'avais pas eu tort de faire avant 1948 de la « propagande » à mon modeste niveau. Car, si Israël avait existé au temps d'Hitler, le monde se serait épargné l'assassinat de six millions de Juifs.

Parmi ces gens qui ont fait escale à Paris durant cette période, je garde le souvenir de Mme Kalmann, cette Juive polonaise qui avait été une amie de mes parents. J'avais assisté à son échange avec un officier SS alors que nous étions enfermés dans la synagogue de Piotrków. Elle avait réussi à sauver sa peau parce que ce soldat avait jugé qu'elle se comportait comme une *heldische Frau*, une femme courageuse. Je lui ai tout de suite demandé : « Qu'est-il arrivé après ? »

Elle avait été arrêtée alors qu'elle essayait de fuir Piotrków. Elle avait finalement été internée avec ses fils à Theresienstadt, un lieu que la propagande nazie a osé présenter au monde comme une « colonie juive », et même comme une colonie modèle, alors que c'était un camp de concentration où des milliers de Juifs ont péri, assassinés ou victimes des privations, des maladies, des mauvais traitements. Le poète français Robert Desnos est mort à Theresienstadt. Ginette Kolinka y est passée, ainsi que Marceline Loridan-Evens. Ces deux dernières ont survécu et témoigné.

Mme Kalmann en avait réchappé elle aussi, avec ses fils. Tous trois se sont matérialisés un beau jour rue du Fer-à-Moulin, chez les parents de Suzanne, preuve que les destinées humaines réservent toujours des surprises : des gens que vous croyez disparus sortent de l'ombre et vous parlent en yiddish. Le passé se met à revivre. Nous avons pleuré. J'ai dit à Mme Kalmann que tous les miens avaient disparu.

Pour sa part, elle avait vécu en Allemagne après la libération des camps. Maintenant qu'Israël existait, elle partait s'y installer. Et puisque les nazis avaient assassiné mon père, ma mère, mon jeune frère, ma grand-mère et presque toute ma parentèle, elle voulait absolument m'emmener avec elle !

« Viens donc, Aron ! »

Elle insistait beaucoup. Tant d'épreuves liaient nos destinées ! Je lui ai répondu que tel avait été mon désir, en effet, jusqu'en 1947 : aller vivre en « Palestine », comme on disait alors. Et il est vrai que la chose était devenue financièrement possible car les Juifs qui souhaitaient quitter l'Europe pouvaient recevoir une aide de l'American Jewish Joint Distribution Committee, communément appelé « le Joint », une importante société d'entraide qui après la guerre avait rouvert son antenne à Paris.

Mais, désormais, je préférais rester en France avec Suzanne. J'avais même rempli mon dossier de naturalisation. C'est ce que j'ai expliqué à Mme Kalmann et nous nous sommes dit adieu. Un jour, j'ai su qu'elle avait quitté Israël aussi, pour aller finalement s'établir en Australie.

*

Ma situation matérielle, bon an mal an, allait s'améliorant, et j'avais de plus en plus le désir de gagner mon indépendance vis-à-vis de Joseph et Chawa Bulwa. Mais je sentais les réticences de Suzanne quand je lui parlais de quitter la rue du Fer-à-Moulin. Certes, elle tenait à moi, mais tout en demeurant très attachée à son père et à sa mère. C'était évidemment compréhensible. Elle avait veillé sur eux pendant toute l'Occupation, elle les avait cachés, protégés, soignés. Elle s'était chargée de l'intendance, du logement et des tickets d'alimentation.

Parce qu'elle leur avait longtemps été indispensable, l'idée de les quitter la rendait anxieuse. Sans parler des implications contenues dans un tel projet. Car il s'agissait au fond de faire sa vie avec moi. J'ai senti que je devais prendre une initiative, si je voulais que la situation se débloque.

J'avais repéré une chambre de bonne à louer boulevard Saint-Marcel, au numéro 26. C'était à cinq minutes en passant par la rue Poliveau et j'allais souvent voir la concierge qui avait grand besoin qu'on lui graisse la patte. J'ai fini par avoir la pièce. Située au sixième, sous les toits, elle était meublée en tout et pour tout d'une armoire à glace. Il restait de la place pour un lit. J'en ai acheté un. Mes amis m'ont aidé à grimper les étages avec le matelas et le sommier. Et Suzanne n'a pas tardé à venir dormir avec moi, preuve que je n'avais pas trop mal calculé mon affaire et qu'elle penchait de mon côté.

Bien sûr, ses parents étaient très mécontents. Les mœurs, depuis, ont beaucoup changé. S'il semble aujourd'hui naturel de voir des jeunes gens non mariés se lancer dans la vie commune sans la moindre cérémonie, l'époque était loin de favoriser ce genre de libertés. La morale ambiante offrait à Joseph et Chawa des arguments pour s'opposer à cette nouvelle étape dans notre relation, et il nous a fallu du courage pour parvenir à imposer nos choix. Beaucoup de disputes ont éclaté mais n'en va-t-il pas ainsi dans toutes les familles ? En définitive, la machine était sur les rails.

Comme nous n'avons pas tardé à nous sentir à l'étroit, j'ai eu rapidement envie d'agrandir notre logement. La chance a voulu qu'une autre chambre de bonne se libère, contiguë à la nôtre, si bien que nous nous sommes sentis un peu moins à l'étroit. J'ai tout de suite acheté à crédit deux machines à coudre Singer, et j'ai commencé, en quelque sorte, à me mettre à mon compte, petit à petit, tout en continuant de travailler pour Joseph.

« Les gens auront toujours besoin de vêtements ! », disais-je.

Je n'étais pas follement heureux de me lancer dans la carrière qui avait été celle de mon père, mais c'était une façon de s'en sortir à condition de bosser dur – et je savais bosser dur.

Mon français s'était amélioré désormais, grâce aux cours du boulevard Raspail, grâce à l'aide de Suzanne aussi, et des émissions de radio. Mon accent polonais commençait à s'effacer. On peut dire que j'étais de moins en moins polonais et de plus en plus français, ce qui me convenait assez car je voyais que l'antisémitisme, dans ce pays, n'avait pas grand-chose à voir avec ce que des générations de Juifs avaient enduré en Pologne, en Roumanie ou en Russie. Bien sûr, il arrivait qu'une remarque désagréable se fasse entendre, mais les chrétiens et les juifs ne vivaient pas ici de manière séparée.

Certes, dans des quartiers comme le Pletzl ou la rue Notre-Dame-de-Nazareth, on retrouvait quelque chose de l'atmosphère juive d'antan : la langue, les petites synagogues, les enseignes en hébreu, les enfants avec leurs papillotes et les parfums de paprika au coin des rues, mais même là on ne se sentait pas mis sous pression comme en Europe centrale avant la guerre, où la relation entre les cultures était toujours teintée de mépris, où la violence pouvait surgir à tout instant.

Apparemment, l'école publique française accueillait tous les enfants sans demander aux parents d'où ils venaient, et même les symboles catholiques y étaient absents. Un Juif en caftan pouvait marcher sur le trottoir sans que la police vienne lui demander des comptes, voire lui taper dessus. Ainsi, l'Europe n'était pas partout exactement la même.

Peu à peu, je me détendais, j'essayais de me réconcilier avec moi-même. Je savais qu'Hitler avait fait de moi une sorte d'enfant sauvage et que j'étais arrivé en France très en colère, presque inadapté à la vie en société : tel était l'héritage de la Shoah pour nombre d'entre nous. Mais avec le temps, la peur diminuait, même si j'étais poursuivi toutes les nuits par de terribles cauchemars.

Suzanne et moi, nous nous sommes mariés en 1953. J'avais vingt-quatre ans et elle, vingt-six. Il s'agissait d'officialiser notre vie commune. Nous avions quitté nos deux chambres de bonne du sixième étage pour nous installer au premier, dans ce même immeuble du 26 boulevard Saint-Marcel. Nous disposions enfin d'un véritable appartement ! Et dans la bonne tradition juive, l'appartement servait aussi d'atelier…

Notre mariage, célébré à la mairie du Ve, a pris l'allure d'une simple formalité. Le marié était seul au monde et les parents de la mariée ne tenaient pas à faire le déplacement ! Outre que cette union leur déplaisait, ils étaient fâchés de perdre un employé qui travaillait bien, ne ménageait pas sa peine et avait contribué à l'amélioration de leur sort.

Nous nous sommes donc rendus à pied, Suzanne et moi, place du Panthéon où nous avions fixé rendez-vous aux témoins. Le premier témoin était Hélène Bulwa, la sœur du tapissier Camille Bulwa. Le second témoin était une jeune femme de mon âge, la fille d'Hélène, Cécile, surnommée Lilli.

Après l'échange des consentements, nous avons pris tous les quatre la direction du XIe arrondissement et d'un petit restaurant juif situé passage Basfroi, une ruelle peu distante de Ledru-Rollin où avait débuté mon existence de Parisien. Après le déjeuner, nous sommes retournés boulevard Saint-Marcel où le boulot nous attendait. Et la journée, comme de coutume, s'est achevée par le repassage des manteaux.

Suzanne Bulwa venait donc d'épouser Armand Bulwa. Elle avait pour nom d'épouse son « nom de jeune fille », comme on disait alors. Ce qui ne manquerait pas de donner lieu par la suite à des scènes cocasses. En effet, quand les employés de l'administration lui poseraient la question rituelle : « Nom de jeune fille ? », elle répondrait : « Bulwa. » Inévitablement, l'employé relèverait la tête d'un air irrité : « Je vous demande, madame, votre nom de jeune fille… »

La question d'un mariage à la synagogue ne s'était même pas posée. Du côté de mes beaux-parents, on ne pratiquait pas. C'était la même chose de mon côté. J'avais suivi le heder en Pologne jusqu'à l'âge de dix ans, mais ni mon père ni ma mère n'observaient le shabbat. Certes, ils ne travaillaient pas le samedi, et ils faisaient un saut à la schull à Kippour, mais à la maison, le vendredi soir, seule ma grand-mère allumait les bougies et se couvrait les yeux.

Avant la guerre, un certain nombre de Juifs d'Europe centrale avaient tourné le dos à des habitudes religieuses qui s'étaient imposées pendant des siècles, soit parce qu'ils étaient devenus communistes, soient parce qu'ils jugeaient la religion incompatible avec le progrès et la modernité. Et mon expérience personnelle ne m'avait pas rapproché de Dieu, c'est le moins que l'on puisse dire.

Où était Dieu quand les nazis avaient entrepris de tuer les enfants, dont mon propre frère ? Où était-il quand on nous affamait dans les camps ? quand Hitler exterminait le peuple élu, le peuple même de Dieu ? En fait, pour moi, Dieu n'existait tout simplement pas. Et si Dieu n'existe pas, à quoi bon franchir le seuil d'une synagogue ? Une formalité, donc : une brève cérémonie en mairie, un déjeuner au restaurant et l'affaire fut conclue.

*

À présent que nous avions fondé un foyer, la question se posait de savoir si nous voulions des enfants. C'est alors que j'ai vu combien je demeurais traumatisé, huit ans après ma libération de Buchenwald et mon arrivée en France. Comme je l'ai dit, les cauchemars continuaient de me réveiller toutes les nuits, même si les blessures commençaient de s'apaiser un peu. La simple perspective de mettre un enfant au monde me précipitait dans une angoisse sans fond. Après ce que j'avais vu de mes yeux en Pologne et dans les camps, perpétuer l'espèce humaine me semblait une folie. Pourquoi engendrer des êtres humains ? pour qu'on les arrache à leurs père et mère ? pour qu'on les tue ? C'est ce qu'avaient fait les nazis, avec la complicité de millions de gens. C'est ce qui pouvait arriver encore.

L'espèce humaine est ainsi faite, me disais-je, qu'elle a la passion de détruire. Elle est capable de grandes choses, comme chacun le sait, mais elle est habitée aussi depuis la nuit des temps par une puissance de mort. Quand cette puissance se réveille, les massacres commencent. Et mettre des enfants au monde, c'était risquer de les offrir en sacrifice aux assassins. Tel était mon raisonnement.

Suzanne, elle, souhaitait avoir des enfants. Je lui disais : « Et si nous ne pouvons subvenir à leurs besoins ? Tout peut arriver. Je sais, parce que j'en ai été témoin, que tout peut arriver. Alors nous aurons mis au monde des orphelins. »

J'avais encore en tête la vision des enfants du ghetto pleurant de désespoir parce qu'ils ne trouvaient plus leur père, leur mère, leur frère ; je revoyais dans mes cauchemars la scène au cours de laquelle des Ukrainiens avaient démembré un nouveau-né arraché aux bras de sa mère dans la synagogue de Piotrków…

Ma réaction était liée aussi au fait d'avoir perdu mes parents dans des circonstances aussi atroces et irrationnelles. Je n'avais pu être leur fils que pendant une dizaine d'années. Puis tout s'était arrêté et notre famille avait tout simplement été aspirée dans le gouffre noir de l'absence, effacée de la surface de la terre.

Nombre de gens veulent créer une famille pour prolonger une expérience et des sensations vécues quand ils étaient petits. Ils cherchent à faire en sorte que leur passage sur terre s'inscrive dans une continuité. Dans mon cas, prolonger cette expérience, c'était prolonger la destruction.

Je n'arrivais pas à m'imaginer en père d'une famille heureuse ; être père, dans la conception qui s'était ancrée en moi, c'était mourir en laissant derrière soi des malheureux, une famille anéantie. La Shoah, c'est aussi des parents dont on n'a pu faire le deuil, des enterrements qui n'ont pas eu lieu, des proches que l'on n'a pu pleurer parce qu'ils ont disparu soudain du paysage, dans des circonstances que rien d'humain ne pouvait expliquer.

Tout cela me pesait si fort sur le cœur que je disais à ma femme : « Nous n'aurons pas d'enfants. »

Elle se sentait obligée d'accepter mon point de vue, même s'il lui en coûtait. Ce blocage, qui devait perdurer jusqu'aux années 1960, était une source d'anxiété supplémentaire. Nous devions toujours faire attention car la « pilule » n'était pas encore légalisée. Et ma femme, qui souffrait de cycles irréguliers, s'affolait dès qu'elle avait un retard de règles : elle se croyait enceinte et courait chez le médecin, tout en redoutant ma réaction. Elle vivait une forme d'ambivalence, sans doute : elle craignait d'apprendre qu'elle aurait bientôt un enfant, et l'espérait en même temps.

Tous les survivants de la Shoah n'abordaient pas le problème de la même façon. Certains de mes amis, au contraire, désiraient ardemment mettre au monde des fils et des filles. C'était une façon de conjurer le malheur, de se prouver à soi-même que la vie est plus forte que tout ; c'était aussi une façon de se venger d'Hitler et de ses héritiers en proclamant : « Vous avez éliminé 6 millions de Juifs de la surface de la terre, mais vous, vous êtes morts, tandis que le peuple juif est toujours vivant ! »

Certains avaient le désir de transmettre aux générations à venir, à leurs propres enfants et futurs petits-enfants, la connaissance de ce qui s'était passé, afin que l'humanité n'oublie jamais et, peut-être, en tire la leçon et s'améliore un tant soit peu.

Ma naturalisation française est arrivée en 1952, et elle fut suivie deux ans plus tard par une convocation qui devait représenter un souci de taille : j'étais appelé sous les drapeaux.

Je fus affecté à l'armée de l'air et envoyé au fort de Montmorency, un lieu dévolu à la défense aérienne du territoire. Nous étions en septembre. À peine deux mois plus tard, la fête de la Toussaint fut marquée par une série d'attentats qui ensanglantèrent l'Algérie. L'opération était revendiquée par un mystérieux Front de libération nationale qui s'était juré d'obtenir l'indépendance par tous les moyens. La guerre dite d'Algérie venait de commencer. Le gouvernement a décidé d'envoyer là-bas des renforts, et je me suis retrouvé inscrit sur les listes des appelés destinés à partir.

La plupart des trouffions savaient que cette affaire d'indépendance ne se conclurait pas de sitôt : il suffisait d'écouter la radio pour comprendre que la France était d'ores et déjà empêtrée dans un conflit parti pour durer – et écouter la radio, c'est justement ce que j'avais fait en travaillant ces dernières années.

Les soldats étaient transportés à Marseille d'où ils embarquaient pour Alger. Il ne me restait plus qu'à me rendre à Versailles où m'attendait mon paquetage. Mais la chance avait tourné en ma faveur, semblait-il. Je suis tombé là-bas sur un copain qui, lui aussi, faisait son service militaire. Il m'a pistonné en faisant valoir ma condition d'ancien déporté, de sorte que j'ai échappé de justesse au grand départ.

J'ai tout de même servi la France, ma nouvelle patrie, pendant dix-huit mois – au lieu des trente prévus. Mais mon sort n'était pas si catastrophique, finalement, car non seulement je n'étais pas parti pour l'Algérie mais je rentrais le soir à la maison.

Chaque matin, je prenais le métro pour la gare du Nord, puis le train. La journée à Montmorency n'était pas particulièrement pénible, surtout pour quelqu'un qui avait connu Buchenwald. Le soir, je retrouvais Suzanne boulevard Saint-Marcel. Mon verre de bortsch à la polonaise – betteraves rouges cuites à l'eau et saupoudrées de sucre – me mettait en appétit, un dîner me donnait des forces, et je me mettais au travail : une vingtaine de manteaux à repasser avant d'aller au lit.

Ces années d'après-guerre furent de bonnes années pour les affaires : c'était le début des Trente Glorieuses et les gens avaient envie de se construire une vie après avoir versé trop de sang, trop de larmes. Se construire une vie, au sens moderne du terme, signifiait acquérir des biens matériels. Ils voulaient des voitures, des appareils électro-ménagers – et des habits, ce qui était bon pour nous.

La plupart des survivants se sont mis ou remis dans le *shmattès*, la fabrication ou la vente de vêtements, le métier traditionnel exercé par les Juifs d'Europe pour essayer de s'élever dans l'échelle sociale.

Comme je l'ai déjà dit, je n'étais pas spécialement enthousiaste à l'idée de coudre des manteaux jusqu'à la fin de mes jours : ma famille avait eu pour moi d'autres ambitions. Mais je faisais partie du petit pourcentage de gens qui n'avaient pas été gazés, ni tués d'une balle dans la tête ou mitraillés au-dessus d'une fosse commune, aussi devais-je peut-être m'estimer heureux.

Et puis j'avais désormais une famille dont les membres portaient mon nom : Bulwa. Il y avait là quelque chose d'étrange et de rassurant en même temps.

De plus, je vivais apparemment dans un pays où je n'avais rien à craindre en tant que Juif – ce pays où j'avais débarqué sans autre bien que ma simple vie. Certains jours, c'était même à se demander s'il était possible que je sois vraiment né en Pologne. Je me suis donc engagé avec ma femme, Suzanne, dans ce qui s'annonçait comme une vie de dur labeur où nous ne comptions pas nos heures de travail.

Comme les affaires marchaient bien, nous réussissions à mettre tous les mois de l'argent de côté. C'est ainsi que nous avons pu acheter boulevard Saint-Marcel un magasin de confection pour dames, notre propre affaire connue dans le quartier sous l'enseigne *Suzanne Couture*. Nous avions notre appartement au premier et le travail au rez-de-chaussée.

On fabriquait des vêtements destinés à nos clientes, ainsi que des commandes pour un patron dans l'atelier derrière la boutique. Nos fournisseurs étaient les grossistes du Marais. On allait acheter la matière première chez eux, rue de Turenne notamment où s'était recréée une vie juive plutôt assimilée, autour de la synagogue de la place des Vosges, la *Schull des Déportés*, comme on l'appelait, dont le rabbin, Charles Liché, était un des rares survivants d'Auschwitz.

Notre clientèle s'est développée peu à peu. Nous avons pu nous acheter une voiture – une 404 Peugeot, l'auto typique prisée dans ces années-là par les classes moyennes.

Nous arrivaient aussi des propositions pour ouvrir une autre affaire, et même pour déménager dans une autre ville où nous aurions pu voir plus grand, mais Suzanne ne voulait pas s'éloigner de ses parents et toute notre vie professionnelle s'est finalement déroulée boulevard Saint-Marcel.

C'est dans ces années-là que j'ai retrouvé la trace de mon cousin David Bulwa, le communiste qui avait fui la Pologne avant la guerre avec l'aide de mon père. Mes recherches, jusque-là, s'étaient révélées vaines, mais je me sentais désormais totalement à l'aise dans les démarches de la vie quotidienne. Et comme les gens étaient de plus en plus nombreux à se faire installer le téléphone, j'ai eu l'idée toute simple, un beau jour, de feuilleter l'annuaire. Mon doigt s'est arrêté sous le nom de David Bulwa, tailleur, rue Eugène-Sue, dans le XVIIIe arrondissement. Le contact s'est établi le jour même.

Inévitablement, nous avons fait David et moi le point sur notre famille – sur les très rares survivants de notre famille, pour mieux dire.

Lui m'a raconté qu'il s'était engagé dans l'armée française dès le début de la guerre. Ayant rejoint la division Leclerc en Algérie, il avait participé en tant que soldat au débarquement en Provence. Ensuite, il avait ouvert ce commerce de tailleur. Son activité marchait à peu près mais il était très loin d'avoir fait fortune. Pourtant, il mettait facilement la main à la poche quand il s'agissait de venir en aide à un ami.

Cette générosité innée, caractéristique des Bulwa de Piotrków, m'a ému tout de suite car elle me rappelait celle de mon père, Abram, un homme qui ne cessait de se donner aux autres et à l'intérêt général. Cependant elle déplaisait à la femme de David qui, pour cette raison, s'efforçait de le couper de ses relations. Elle redoutait toujours que l'on vienne frapper à leur porte dans le seul but de réclamer de l'argent.

Suzanne et moi les avons invités à la maison, boulevard Saint-Marcel, et cette femme a pris ombrage du fait que je m'en sortais « mieux que son mari ». La jalousie est toujours mauvaise conseillère. À cause d'elle, nos échanges n'ont jamais pu s'approfondir.

*

Au début des années 1960, Suzanne m'a dit qu'elle attendait un enfant. Après quatorze années d'angoisse et d'hésitation, j'avais fini par changer d'avis sur la question. Mes cauchemars me laissaient en paix et je commençais à trouver des raisons de me sentir quelque peu rassuré quant à l'avenir : notre fils, ou notre fille, n'aurait pas à subir les persécutions absurdes que j'avais connues en Pologne, et nous-même ne serions pas obligés de l'abandonner à son sort pour aller mourir dans des camps.

Je n'avais pas une passion pour le général de Gaulle mais le pays, avec lui, se sentait protégé, apte au *développement* – le grand mot, à l'époque. Au fond, l'âge venant, et avec l'âge une certaine prospérité, je commençais à me détendre, j'acceptais de faire un peu confiance à la vie.

Ce fut une fille, Sylvie. Elle est aujourd'hui médecin gynécologue-obstétricienne. Elle aide les femmes à accomplir leur projet d'enfant. C'est un enchantement à mes yeux étant donné que le destin a fait de moi la victime d'une entreprise de destruction des êtres humains. Les nazis avaient beau avoir assassiné mes parents, il existait au moins un enfant pour prolonger leur passage sur la terre. Le fil n'avait pu être coupé.

Je revois Sylvie, fillette, assise sur la table de l'atelier, boulevard Saint-Marcel. Elle jouait avec des boîtes de boutons colorés, de toutes tailles et de différentes matières, que nous fournissait la maison Guréwicz, une mercerie en gros établie rue de Turenne. On n'imagine pas l'émotion que représentait pour moi le fait d'être père et de voir notre fille développer son imagination en toute innocence grâce à des boutons mordorés, au lieu de vivre dans les cris, l'effroi et l'abandon.

Je n'ai jamais « raconté » à Sylvie ce qui m'était arrivé. Je veux dire : je n'ai jamais eu avec elle une discussion délibérée sur la question. Mais la Shoah est bien sûr un sujet qui a bercé toute son enfance : les discussions en famille ou entre amis y ramenaient souvent, pour ne pas dire toujours. Elle sentait bien qu'avec mes amis Élie Buzyn et David Perlmutter, ainsi qu'avec les Juifs de Paris en général, nous étions soudés par la mémoire d'un traumatisme spécial qui n'avait pas touché les autres Français, quand bien même ceux-ci avaient souffert de l'invasion allemande, et perdu des proches.

La réalité de ce qu'on n'appelait pas encore la Shoah s'est révélée pour elle alors qu'elle avait une dizaine d'années. Nous étions partis nous reposer à la campagne et Sylvie est tombée malade. Forcée de garder la chambre, elle a commencé d'explorer les livres rangés près du lit dans un de ces meubles appelés « cosy », typique des années d'après-guerre.

Elle est tombée alors sur un ouvrage de Rachel Minc, cette même Rachel qui avait exercé comme éducatrice bénévole à l'OSE en 1945, et découvert que mon camarade Élie Buzyn avait à Paris un oncle prêt à l'accueillir chez lui, le chirurgien Léon Pérel. Rachel, qui était psychopédagogue de formation, s'était mise à écrire. Le livre d'elle que Sylvie avait ouvert, *L'Enfer des innocents*[1], se composait de courtes nouvelles saisies sur le vif. Des Juifs revenus de déportation y évoquaient leur terrible enfance.

Ma fille, en lisant ces pages, a fait le lien avec ce qui était arrivé à son papa. Par la suite, elle s'est aperçue qu'elle avait des questions à poser. Elle a beaucoup parlé alors avec sa mère qui, non sans la délicatesse qui convient, lui a fourni des détails sur mon enfance en Pologne, sur mes parents, sur le ghetto, mais aussi sur le rôle qu'elle avait joué, elle Suzanne, pendant l'Occupation, pour aider ses propres parents, Joseph et Chawa Bulwa, à échapper aux rafles qui menaient les Juifs à Drancy, puis à Auschwitz, non parce qu'ils

1. Éditions du Centurion, 1966.

avaient fait quelque chose de mal, mais parce que les nazis le voulaient. C'est ainsi qu'une élaboration a pu se réaliser peu à peu chez elle.

En classe de sixième, elle a choisi l'allemand comme première langue, et excellé dans cette discipline ! Elle a eu en troisième une correspondante à Bonn, avec qui elle a pu aborder le sujet, comme elle l'abordait en France avec ses camarades de classe.

Je ne m'étais pas opposé à ce que Sylvie apprenne la langue allemande – alors que j'avais des amis qui n'auraient accepté pour rien au monde de s'asseoir au volant d'une voiture fabriquée outre-Rhin. Mais curieusement, mon expérience me conduisait à tempérer mes préjugés envers les Allemands, démarche impossible quand je pensais aux Polonais ou aux Ukrainiens.

Beaucoup de Juifs, avant Hitler, avaient adopté non seulement la langue mais aussi la culture allemande ; et si les Allemands étaient antisémites depuis Luther, voire depuis plus longtemps encore, cette culture avait su faire une place à de grandes figures juives comme Moses Mendelssohn, Henri Heine ou Sigmund Freud – pour n'en citer que quelques-uns parmi les plus célèbres, et sans oublier les innombrables médecins, chercheurs ou avocats qui, s'ils n'ont pas laissé leur nom dans l'histoire, n'en ont pas moins joué un rôle éminent dans la société de leur temps.

Et lors de nos voyages, nous avons pu constater, Sylvie, Suzanne et moi, que les Allemands des générations d'après-guerre avaient effectué un courageux travail de mémoire, une sorte de *mea culpa* collectif, un effort en tout cas pour dénoncer et se guérir d'un mal qui avait poussé leurs pères à céder à une pulsion de mort collective dont l'histoire ne fournissait pas d'autre exemple.

Grâce à la radio qui restait toujours allumée, les nouvelles du monde ne cessaient jamais de se déverser dans l'atelier. Les « radios périphériques », comme on disait alors, jouaient un rôle comparable à celui d'Internet aujourd'hui. C'est ainsi que j'ai eu à cœur de suivre la guerre dite des Six Jours, au cours de laquelle Tsahal a défait les armées arabes et modifié la carte du Moyen-Orient. Puis la guerre du Kippour en 1973, quand les Arabes ont profité des fêtes – lesquelles coïncidaient d'ailleurs cette année-là avec le Ramadan – pour lancer une nouvelle attaque contre Israël.

Comme mes camarades de déportation, j'ai suivi ces deux conflits en observant la situation avec l'œil de l'ex-prisonnier de Buchenwald, autrement dit en approuvant les opérations lancées par les Juifs pour se défendre : il faut savoir, disions-nous, tirer les leçons de l'histoire.

Je respectais de Gaulle parce qu'il s'était opposé à Pétain et aux Allemands, mais je le voyais comme un homme autoritaire, non comme un responsable politique à même de gouverner un pays.

Lors d'une de ses fameuses conférences de presse, il avait jugé le peuple juif « sûr de lui et dominateur » et cette remarque, qui a fait grand bruit, nous avait électrisés, nous les survivants de la Shoah. J'ai rêvé ce jour-là d'être un magicien et de pouvoir emmener le général visiter un ghetto polonais, afin qu'il puisse voir de ses yeux comment nous étions traités.

Quant à Mitterrand, nous savions tous, mes amis et moi, que le Maréchal lui avait épinglé sa francisque au revers du veston. Mon idéal d'homme politique s'incarnait dans la figure de Pierre Mendès France. Lui s'était opposé dès le début à l'extrême droite, et avait toujours suivi une ligne sociale mais respectueuse aussi de la démocratie et des droits humains. À mes yeux, il n'était pas resté assez longtemps aux affaires ; peut-être manquait-il de cynisme, ou d'arrogance.

La France des années 1980 fut blessée par des attentats qui m'ont fait craindre le pire : la synagogue de la rue Copernic un soir de shabbat et le restaurant Goldenberg, rue des Rosiers, au cœur du vieux Pletzl où tous les Juifs de Paris venaient acheter leur pickel et leurs pains nattés. Les deux actions ont fait dix morts, sans parler des nombreux blessés.

Sur le moment, la classe politique s'est empressée de mettre ces opérations criminelles sur le dos de l'extrême droite, car cette lecture des événements servait ses intérêts ; mais on a pu s'apercevoir par la suite que les choses n'étaient pas aussi simples, et quand on relie ces attentats aux attaques qui se sont multipliées en Europe et dans le monde depuis le 11 Septembre, quand on les observe sur le temps long, on a le sentiment qu'Hitler ne demande qu'à revenir du pays des morts, quitte à prendre un autre visage.

*

En 1980, à cinquante-deux ans, j'en ai eu assez du magasin. J'étais fatigué de m'agenouiller devant ces dames capricieuses pour marquer avec des aiguilles les ourlets de leurs tailleurs. C'est alors que Marcel Goldberg m'a téléphoné. Marcel, comme je l'ai dit, était un ami proche. Nous avions sympathisé l'année qui avait suivi la Libération. Il avait fait une jolie carrière puisqu'il était devenu trésorier général d'une banque qui avait pignon sur les Champs-Élysées : le Crédit commercial de France, un établissement appelé à se fondre un jour dans un autre établissement bancaire, la HSBC.

Marcel savait que j'avais choisi à contrecœur de faire le métier de mon père, et que je travaillais trop durement. Il m'a expliqué que le CCF cherchait à recruter quelqu'un qui aurait la charge de recevoir et orienter les clients désireux de changer des espèces. L'employé devait parler plusieurs langues et c'était mon cas. Voilà comment je me suis retrouvé pour dix ans, les dix dernières années de ma vie professionnelle, dans un rôle tout à fait imprévu, et en tout cas dans une fonction moins stressante que celle de tailleur pour dames et chef de petite entreprise.

À l'époque, beaucoup de gens venus du monde entier franchissaient la porte du CCF pour négocier leurs devises, avant d'aller dépenser leurs francs sur les grands boulevards, ou directement avenue Montaigne qui n'était pas loin. C'est à moi qu'ils s'adressaient. Et en général, ils repartaient satisfaits : ils avaient beau ne pas parler français, ils avaient grand besoin d'être entendus et compris.

Un premier choc survint quand un client polonais se présenta à l'accueil. Il s'est adressé à moi dans sa langue et je me suis entendu lui répondre de la même façon. La langue polonaise était toujours présente en moi, inchangée, nullement altérée – cette langue de mon malheur que je croyais avoir à jamais oubliée ! Le deuxième choc qui devait marquer mon activité bancaire, c'est ma rencontre avec un Allemand habitant la région de Weimar. Je n'ai pu m'empêcher de lui parler de Buchenwald. Cet homme était pasteur. Il connaissait le « Bois de hêtres », bien évidemment. Il m'a invité à venir lui rendre visite.

« Nous irons à Buchenwald ensemble », disait-il.

C'est ainsi que j'ai pu revoir le camp dans les années 1980. La place d'appel était toujours là, ainsi que les fours crématoires. L'emplacement des baraques était à peine visible, le petit camp envahi par la végétation. Sur les vestiges des bâtiments détruits, les visiteurs avaient déposé, ici et là, des centaines de petites pierres, comme font les Juifs dans les cimetières.

*

J'ai été en France un des premiers survivants du génocide à effectuer des interventions dans les écoles. C'était dans les années 1990. Avec mes camarades, nous avons eu durant cette période le sentiment de pouvoir sortir enfin d'une phase de silence qui durait depuis la fin de la guerre.

Tout de suite après la Libération, alors que les cicatrices étaient encore grandes ouvertes – et peut-être justement parce qu'elles étaient trop horribles à voir – les gens n'avaient pas manifesté l'envie d'entendre nos récits. Puis la « question » était revenue dans l'espace public. Des événements avaient contribué à cette renaissance de la parole, dont, entre autres, l'arrestation du nazi Klaus Barbie et son procès à Lyon, le film de Claude Lanzmann, *Shoah*, et le discours du président Jacques Chirac reconnaissant le rôle joué par l'État français dans la déportation des Juifs.

D'une façon générale, l'extermination des Juifs d'Europe était devenue un sujet d'étude et d'intérêt touchant le grand public. J'étais assez connu dans le milieu des ex-déportés puisque j'avais créé avec Willy Fogel cette Amicale des anciens et sympathisants de l'OSE.

Lorsque des professeurs ont pris contact avec moi, j'ai répondu que j'avais eu le désir de raconter cette histoire depuis mon arrivée en France, sans avoir jamais pu le faire dans un cadre un tant soit peu formel. Étant donné que je vivais le fait de témoigner comme un devoir, ma frustration était grande d'être forcé de me taire. Selon moi, un homme dont on avait massacré toute la famille d'une façon aussi délibérée ne pouvait que vouloir s'exprimer sur le sujet, afin que les jeunes sachent ce dont les hommes sont capables. Et c'est donc bien volontiers, ai-je dit à ces professeurs, que j'acceptais de témoigner devant leurs élèves.

Accompagné quelquefois de mon camarade de déportation Jacques Finkel, j'ai franchi la porte de divers établissements à Paris et en banlieue, dans le public comme dans le privé. J'ai rencontré aussi de nombreux adolescents au mémorial de la Shoah, parfois aussi à la synagogue de la rue Copernic. Les élèves se montraient toujours très attentifs, très impressionnés. Je développais mon propos dans un silence parfait, en présence des professeurs. Si quelqu'un levait la main pour poser une question, je répondais tout de suite car être interrompu ne me dérangeait pas, bien au contraire – le dialogue n'en était que plus vivant.

Peu à peu, de cette obligation, j'ai fait un plaisir, l'occasion d'un partage, d'un lien nouveau entre des générations qui, ordinairement, se rencontrent peu hors du contexte familial. Et il pouvait même arriver que le rire se répande dans la classe, si austère que fût le sujet abordé, comme le jour où un jeune enfant d'une école juive, ayant levé la main, a voulu savoir si l'on mangeait casher à Buchenwald. Non, on ne mangeait pas casher à Buchenwald, mais il est vrai que certains arrivaient encore à y trouver le courage de prier.

Les choses ont évolué à partir des années 2000, quand certains collégiens et lycéens d'origine arabe ont tenu à faire entendre leur voix sur le thème de la Palestine. La Palestine est pour moi une terre d'accueil où les Juifs ont enfin pu se sentir protégés. Pour eux, c'était un territoire où les Juifs persécutaient les Arabes. Les interventions de ce type étaient loin d'être monnaie courante, mais elles n'étaient pas non plus sans importance.

Après la guerre, les Français avaient préféré fermer les yeux sur un des événements majeurs de l'histoire humaine. Puis ils avaient consenti à s'y intéresser. Le rideau allait-il retomber à nouveau ? Je sentais bien que la perception de la Shoah était en train de changer une nouvelle fois. Que les problèmes se multipliaient dans les banlieues de Paris, de Toulouse et d'ailleurs. D'ailleurs, les professeurs eux-mêmes ont quelque peu modifié leur façon d'aborder la question des témoignages : désormais, pour les conférences sur la Shoah, les classes se déplaceraient au Mémorial, et la participation des élèves se ferait sur la base du volontariat.

La question n'est pas de multiplier les témoignages puisqu'ils existent déjà et figurent en quantité dans les archives à la disposition des chercheurs. La question est de faire en sorte que notre voix touche le grand public, celui des écoles en particulier. Et je me demande ce qu'il adviendra de cette mémoire quand nous ne serons plus là, nous autres les anciens des camps, pour délivrer aux jeunes une parole sincère et vivante.

Aujourd'hui, j'ai complètement cessé de témoigner devant les lycéens car mes forces sont moins vives !

Il m'arrive de méditer sur la façon dont le judaïsme a opéré en moi. Je l'ai dit et répété, je ne suis pas croyant. Je ne pratique pas. Issu de parents qui tendaient à se détourner de la religion, je ne vais pas à la synagogue le samedi. Et je ne jeûne pas à Kippour – peut-être parce que je n'ai que trop jeûné dans le ghetto de Piotrków, à Częstochowa et à Buchenwald.

Pourtant, je me sens juif au plus profond de mon être. Je suis peut-être même plus juif que les rabbins, comme j'ai coutume de dire. Est-ce en souvenir de ma grand-mère Haia Kaminska, qui avait à cœur de respecter la cacherout et d'allumer les bougies du shabbat ? Ou en mémoire du pauvre rabbin qui nous enseignait si vaillamment au heder de la rue Szewska ? C'est difficile à expliquer.

S'il fallait conclure sur ce point, je dirais tout simplement que j'ai hérité à ma naissance d'une âme juive, et qu'elle s'est développée comme un élément essentiel de mon existence : elle a fait de moi l'homme que je suis, un être soucieux de ne pas nuire à autrui.

Mais cette âme juive, en même temps, a fait de moi, quand je n'étais qu'un enfant, la cible d'une entreprise terrifiante à laquelle je n'ai échappé que par une série de coups du hasard. Pourquoi le directeur de la verrerie Hortenszja est-il venu me chercher dans la synagogue à la veille du mitraillage fatal ? Pourquoi un camarade a-t-il consenti à se défaire sans contrepartie d'un bien précieux qui devait me sauver la vie ? Pourquoi un Allemand s'est-il mis en peine de rapatrier vers le block 8 un groupe d'innocents voués à une mort imminente ? Je crois que je n'en finirai jamais de tourner ces questions dans ma tête. Je puis seulement constater que mon âme juive a survécu à tout et qu'il était temps de lui donner, une fois encore, la parole.

Épilogue

Contrairement à plusieurs de mes vieux camarades de déportation, je n'avais laissé jusqu'à ce jour aucun témoignage écrit de mon expérience. Je me suis exprimé devant les caméras de l'Ina, devant celles aussi de la Shoah Foundation créée par Steven Spielberg, et devant plusieurs générations de collégiens et de lycéens. Mais j'avais franchi fin 2018 le cap de mes quatre-vingt-dix ans sans avoir eu l'intention de rédiger mes mémoires.

L'idée s'est inscrite dans le prolongement d'un incident curieux – un « petit drame », comme l'a qualifié la presse – survenu à l'automne 2012.

Nous étions un groupe d'anciens déportés qui avions l'habitude de nous retrouver chaque mois au restaurant du Lutetia, autour d'un dîner proposé par la maison à un tarif avantageux. Cet hôtel prestigieux faisait ainsi mémoire à un passé contrasté puisqu'il a été successivement le siège du contre-espionnage allemand, et le lieu d'accueil des survivants rapatriés des camps de la mort. Pour nous tous qui avons échappé à la Shoah, le Lutetia, c'est tout un symbole.

Ordinairement, le groupe de convives se répartissait autour des trois grandes tables rondes du restaurant. Or quelle ne fut pas notre surprise, en ce soir du 4 octobre 2012, de voir que l'on avait séparé les déportés pour faits de résistance et les déportés raciaux. Les premiers avaient droit à la belle table ronde tandis que les autres – David Perlmutter, Élie Buzyn, Marceline Loridan-Ivens et d'autres anciens d'Auschwitz – étaient invités à prendre place à de petites tables. En somme, les Juifs se retrouvaient relégués ! Ils n'avaient même pas droit à l'habituel service de qualité, puisque leurs tables étaient pauvrement dressées avec des nappes et des serviettes en papier !

Je suis allé immédiatement demander aux résistants de nous montrer leur solidarité en venant s'asseoir avec nous aux « mauvaises tables ». Puis, avec Marceline et Élie, nous avons exigé de vraies nappes. Le maître d'hôtel a répliqué que ce prix-là nous donnait droit seulement aux nappes en papier. J'ai insisté :

« Ce repas est le fruit d'un accord passé avec l'hôtel ! D'un usage qui découle du retour des déportés en 1945 !

— 1945, on s'en fout », a lâché le maître d'hôtel.

Finalement, comme les résistants ne semblaient guère avoir envie de nous soutenir, nous sommes partis.

Les Juifs sont allés dîner ailleurs.

Une tradition vieille de plus de cinquante ans venait de s'éteindre.

L'affaire a provoqué un petit scandale dans le landerneau médiatique de Paris et un journaliste s'est saisi de l'occasion pour prendre contact avec moi. Pour *reprendre* contact, devrais-je dire, car ce journaliste était Michel Taubmann. Je l'avais connu enfant, puisqu'il n'est autre que le petit-fils de Pinkus Taubmann, dit Félix, le tapissier dont j'ai parlé plus haut, le patriarche qui régnait autrefois sur une entreprise florissante avenue Ledru-Rollin et dont la famille se composait de nombreux Bulwa de Paris – cette famille devenue la mienne dès la fin des années 1940.

Curieux hasard de la vie : Michel avait été conduit chez moi par un cousin de sa mère – quelqu'un qui n'avait donc aucun lien de parenté avec les Bulwa. Ce cousin, l'ethnologue Jean-Patrick Razon, était lui-même ami de Marceline Loridan, et participait avec elle aux dîners que nous organisions désormais dans un autre restaurant que le Lutetia.

Michel Taubmann n'était plus le gamin que j'avais connu naguère ! Et nous avions plus d'un souvenir à partager car, avec lui, c'est toute une époque qui venait de resurgir, celle de mes débuts en France. Le lien ayant été renoué, Michel est revenu me voir l'année dernière en me demandant si je n'avais pas envie de raconter mon histoire dans un livre. Il travaillait pour les éditions de l'Archipel dont le directeur se déclara aussitôt intéressé par le projet.

Ma réaction, d'abord, fut très réticente. J'avais déjà beaucoup témoigné. Recommencer un cycle d'entretiens me semblait une charge trop lourde à mon âge. Michel Taubmann a promis de tout faire pour me faciliter la tâche, en utilisant notamment plusieurs documents me concernant, en particulier un entretien que j'avais réalisé avec l'ami Jean-Patrick Razon. Puis l'idée m'est venue que des enregistrements sonores existaient ; ils se trouvaient même dans l'immeuble où j'habite…

J'avais pour voisin et ami un jeune homme du nom de Nicolas Kandel. Pendant toute une période, nous avions échangé lui et moi des propos d'ascenseur – bonjour, bonsoir, comment allez-vous, etc. Je lui avais glissé, sans doute, que j'étais passé par Buchenwald. Puis nous avions fini par nous rapprocher, fin 2016, lors d'un moment pénible : la mort de ma femme, Suzanne.

Le lendemain du décès, Nicolas placarde dans l'entrée de l'immeuble une affiche annonçant son intention d'organiser deux jours plus tard une fête pour son vingt-troisième anniversaire, alors que j'étais moi-même en train d'afficher l'avis pour la disparition de Suzanne.

« Vous allez faire la fête alors que je suis en deuil ! », lui ai-je reproché.

Mais le soir de la réception, regrettant de m'être montré un peu brusque, j'ai frappé chez lui pour lui souhaiter un heureux anniversaire, non sans apporter une bonne bouteille. Plus tard, c'est lui qui est venu me voir et je l'ai accueilli alors par ces mots : « Entrez. Nous allons bavarder. »

Il savait que j'étais un survivant de la Shoah, non seulement parce que j'avais fait allusion à Buchenwald dans l'ascenseur, mais aussi parce que nous avions, sans le savoir, des connaissances communes. Il avait partagé une année d'étude avec Émilie Buzyn, la fille de Lolek, et elle lui avait parlé de l'amitié qui m'unissait à son père.

Les centres d'intérêt de Nicolas le portaient sur la philosophie : la liberté, le libre arbitre, le *choix du bien*, comme il dit – cette inclination qui nous pousse quelquefois à nous montrer plus dignes, plus désintéressés, plus bienveillants que le commun des mortels. À offrir sa ceinture à un compagnon d'infortune, par exemple… Et il avait bien des questions à poser. Comment un enfant avait-il pu survivre à l'horreur de Buchenwald ? Lui arrivait-il, à cet enfant, de s'évader par la pensée ? Lui arrivait-il de rire, de chanter, de dessiner, de bavarder de choses communes ? Lui arrivait-il de prier, de rêver, de fantasmer ? De trouver des espaces de liberté – de vivre, au fond, comme un enfant ? La même réponse revenait toujours dans ma bouche : « Nous avons très vite cessé d'être des enfants. »

Nicolas est revenu avec un dictaphone et nos échanges se sont poursuivis. Il en résultait des fichiers numériques relatant certains points que je n'avais pas abordés ailleurs.

Restait à trouver quelqu'un pour mettre l'histoire en forme, pour « tenir la plume » en quelque sorte : l'éditeur a demandé au romancier Serge Filippini s'il voulait bien se charger d'écrire le livre – mon livre.

Beaucoup de discussions ont eu lieu à la maison dès le début de l'été 2019, avec lui et ma fille Sylvie, qui a accepté de s'impliquer dans le projet en dépit de ses propres réticences, et d'un emploi du temps professionnel chargé. Michel et Nicolas se sont quelquefois joints à nous.

Beaucoup de sujets furent abordés. Beaucoup de détails furent précisés. Et beaucoup de souvenirs remués.

Les documents sortaient des tiroirs – des photos, bien sûr, et ces vestiges si précieux que sont une carte d'interné retrouvée dans les archives de Buchenwald, une demande de naturalisation… Mon regret était de ne pouvoir produire aucune photographie de mes parents, de mes grand-mères, de mon jeune frère assassiné à l'âge de trois ans. Abram et Ester Bulwa, le petit Moniek, Haia, Ester la mère de papa : tout avait été fait pour les effacer.

Du moins avais-je une consolation : ces chers disparus, si présents en moi, auraient peut-être la possibilité de revivre par la magie de ces mémoires.

Il me reste donc à remercier en leur nom tous ceux qui m'ont permis de parler une fois encore, et aidé à mettre au monde un livre qui est aussi, et surtout, celui de ma famille.

Table

Prologue 9

1. « Homme ! Attrape ces chiens ! » 23

2. Le Bois de hêtres 65

3. Comme un Bulwa en France 109

Épilogue 165

Remerciements

L'auteur tient à remercier Nicolas Kandel, dont les enregistrements ont contribué à l'élaboration de cet ouvrage.

Cet ouvrage a été composé et mis en pages
par Facompo (Lisieux)

Impression réalisée par
PRÉSENCE GRAPHIQUE

en décembre 2019
pour le compte des Éditions de l'Archipel,
département éditorial
de la S.A.S. Écriture-Communication

IMPRIM'VERT
Votre imprimeur agit pour l'environnement

Certifié PEFC
Ce produit est issu de forêts gérées durablement et de sources contrôlées.
PEFC
10-31-2677
pefc-france.org

Imprimé en France
N° d'impression : 121965038
Dépôt légal : janvier 2020